山崎俊輔

共働き夫婦
お金の教科書

プレジデント社

はじめに

共働きスタイルの夫婦が増えているのに、共働きの夫婦のためのお金のルールをまとめた本がない、ということが常々気になっていました。

実は専業主婦と会社員の夫婦が中心だった時代は完全に終わりを告げています。

今では「専業主婦＋会社員夫婦：共働き夫婦」の割合は「1：2」です。1：1でもなければ、2：3でもありません。テレビの国民的アニメやドラマで設定されていた「専業主婦が家にいるファミリー」はもはや少数派となっており、実は共働き夫婦のほうが圧倒的多数派です。

共働きには、今までの夫婦とは違うお金の「流れ」が生じています。つまり「2つの銀行口座に収入が入り」「2つの財布から家計負担が捻出される」という状態です。

しかし、お互いが自分の稼ぎと使い道について干渉されたくないと考えていることが多いので、家族全体の家計はブラックボックス化していることがしばしばです。

今、私たちに必要となってきているのは共働きのお金のルールです。しかし、それが明確になっていないこともあって、共働きはお金のストレスをいつも抱えているように思います。仕事では夫婦どちらもストレスを抱えているうえに、「私だけが負担させられている」「なぜあなたは全然貯めていないの」というようなお金のストレスで夫婦間のけんかも起きます。

本当は共働きというのは目の前のマネープランにおいても将来のマネープランにおいても大きなアドバンテージがあるのに、それに気がついていないのです。

わが家も5歳の男の子と3歳の女の子がいる共働き子育て夫婦ですが、お金の問題で衝突することは少なくありません。そこで、わが家と同じようにがんばっている共働き夫婦のために「共働きのお金の教科書」を作ろう、というのが本書の企画のスタートでした。

本書では、共働きを続けている夫婦のがんばりは、きっと老後に報われるであろうこと（もっとがんばればもっと楽しい老後になること）からお話をスタートします。

そして、共働きで稼ぐのならどう稼いでいくべきなのか、また共働きはどう家計をシェアして、どう貯金をしていくべきなのか、考えていきます。

おそらく、なんとなくシェアしていたり、なんとなく不満を抱えていた問題をスッキリさせる方法をいくつか見つけられるのではないかと思います。

共働きのお金の問題は、夫婦の働き方や家事育児の分担問題にも広がってきます。共働きは二人とも仕事に割く時間が多い分、子育てや家事のストレスもたくさん抱えています。しかし、共働きの働き方や家事育児の分担ルールもまだスタンダードが確立されていないため、夫婦のどちらかにしわ寄せが起きているようです。

特に正社員として働きながら、専業主婦なみに家事育児を負担していることの多い女性のほうが重い荷物を背負わされていることが多いようです。

家事や育児シェアの問題については、男性が意識的に見直していく必要があると思いますので、そうした話題も考えていきます。

例えば「男性の有休残日数が30日、女性の有休残日数が3日（あと2カ月で増える）」というような夫婦がいたり、「男性は連絡抜きに週1～2日は飲んで帰るが、男性がワンオペ家事育児する日は平日にはゼロ」というような共働き夫婦がいるとすれば、これは家事育児負担に問題ありです。「え、そうなの？」と思った男性は、本書を手に取ってちょっと分担を見直したほうがいいかもしれません。

目の前の家計の改善と、老後の経済的安定の確保のどちらも実現できるのが「共働き正社員夫婦」です。

本書を一読されることで、「毎日働いていくら稼いでも、お金は一向に貯まらない」と思う夫婦の目の前のもやもやをスッキリさせ、将来の不安も少し解消できることと思います。

ぜひ、夫婦でお金のことを話し合うきっかけに本書を活かしてみてください。

目次

Chapter 2

共働きの結婚術

Chapter 3

共働きの妊活・出産術

Chapter 4

共働きの家計術

Chapter 5
共働きの貯蓄術

Chapter 6

共働きの転職・キャリア術

Chapter 7
共働きの家事育児術

Chapter 8 共働きの住宅購入術

Chapter 9

DINKSのマネープラン

DINKSの家計管理の注意点

Chapter 10 共働きの学費準備術

Chapter 11

共働きの投資術

Chapter 12
共働きの年金受取・リタイア術

本文DTP・図版作成　室井明浩

Chapter 1

共働きが最後に笑える2つの理由

Chapter 1 ポイント

1. 共働き世帯なら、将来夫婦で「ダブル厚生年金＋ダブル退職金」を受け取れる。今の生活がどんなに忙しくて大変でも、最後の最後に笑える日がやってくる！

2. 日本という国が存続する限り、公的年金が破たんすることはないといっていい。ただし、年金受給額は今後15%くらい引き下がることは覚悟しておく。

3. 共働き夫婦二人の退職金を合わせると、老後資金の最低限の準備が済む。もし老後が30年あるならば、共働き世帯が受け取る厚生年金額は合わせて約１億８００万円にもなる。

苦労した最後の最後にご褒美が２つ！

共働きはしんどいが辞めずにがんばりたい

共働きをしながら子育てを続けることはとても大変です。特に育児休業の期間を終えて復職すぐの時期はかなり苦労します。

私の家庭も二人の子どもがいますが、妻が二人目の妊娠をしたときには復職後すぐに「また産休」となって大変でした。一人目の子がまだ1歳だったため子育ても大変でしたし、支障なく職場を休めるかについても気を使いました。幸い、妻の職場は育休からの復職が珍しくない会社だったこともあり、妻も二人目の妊活を行うことを人事面談でも事前に話し合っていたので、復職後すぐの産休・育休についてハラスメントを受けることはありませんでした。

しかし二人目が生まれて1年ほどたって保育園に入ったあとは、いつまでも時短とはいきません。もともと復職間もない時期の低い賃金のさらに半分が育児休業給付金ですから、二人目の育休中の年収は大幅ダウン、復職後の年収もピーク時の半分近くまで下がってしまいました。

そこでまずは年収を回復させようと、勤務時間を少しずつ伸ばしていきました。長男が5歳を過ぎた今、ようやくフルタイム勤務できる手応えをつかみ始めたところです。そのために、朝の拘束時間が比較的自由な私が（こちらは個人オフィスの社長なので）、保育園登園を基本的に受け持ち、かつ妻の残業発生時は、子どものお迎えや夕食作りも担当しています。その代わり、寝付かせ準備までできたら私は夜10時に外に出て、スタバやファミレスで原稿をコツコツ書いています。夫婦ともに毎日クタクタの日々です。

こうした苦労はわが家だけではありません。どんな共働き家庭でも家事育児の分担をなんとかギリギリのところでこなしているはずです。けんかすることもあれば、仕事を辞めたくなることもしばしばでしょう。しかし正社員の共働き世帯は、今どんなに大変でも共働きをあきらめず、ぜひ続けてほしいと思います。

正社員で働いていた会社を辞めて、専業主婦の期間を長くしたり、パートやアルバイトにならないでほしいのです。苦労して共働きをがんばったご褒美が人生最後にやってくるからです。

厚生年金と退職金を二人分もらう老後が待っている

大変なのに、私たちが共働きをする理由は何でしょうか？

「世帯収入を少しでも多くするため」が第一の答えだと思いますが、「なぜ多くする必要があるのか」と尋ねられたら、「子の学費負担に備えるため（学費負担をまかなうため）」「住宅ローン返済を行うため」という回答が多く返ってくるでしょう。

「そもそもの生活費を多く稼ぐために共働きが必須」というのは、今の時代に多く見られる共働きの切実な理由です。生活費用をまかなえず子どもに困窮した生活を味わわせたくないからこそ、また子どもの進路を費用負担の問題で制限させたくないからこそ、私たちは共働きをしています。

苦労して共働きを続けても、なかなか夫婦二人の生活の余裕に回すことはできません。自分たちのいい服を買うことや、美味しい食事をすることは、子ども優先の生活の中でいつしか先送りになります。子どもが生まれる前は二人だけで贅沢な旅行をしていたのに、生まれてからは、ずいぶん行っていないなあという夫婦も多いと思います。

でも大丈夫！　最後に大逆転が待っています。「退職金と年金」があるからです。

夫婦で退職金を2つもらう老後は大違い

正社員として働く場合、多くの会社で**退職金制度（企業年金制度）**があります。実施率は低下傾向にあるものの、75%の会社では会社を辞めたときに退職金をもらう仕組みがあります。退職金水準は会社によりますが、東京都の調査（２０１６年）によれば中小企業の平均は１１３８・９万円（大卒）、経団連の調査（２０１６年）によれば平均は２３７４・２万円（大卒）だったそうです。モデル金額は高めに出る傾向があるので、**５００万〜１０００万円くらいが中小企業の相場で、１５００万〜２５００万円くらいが大企業の相場だと思っておくといいでしょう。**

この受取金額は会社ごとのルールにより決まり、一般には勤続年数や社内での貢献度に応じて異なります。中途入社で20年働いて定年を迎える人より、38年働いたプロパー社員のほうが退職金額は多くなるといった感じです。また、退職金額の算定基礎は職階給に連動することが多いので、早く昇格昇給して役職についた時期が長い人のほうが退職金も高くなります。役員になるとさらに退職金額は増えます。

細かい条件は職場で確認していただくとして、それより重要なのは、「自分で老後に向けて十分にお金を貯められなかった場合でも、会社が貯めてくれるお金がある」ということです（なお、退職金は正社員のみに支払われるのが一般的で、パートやアルバイトは退職金対象外となることがほとんどです。派遣社員や契約社員は一般には対象外ですが、契約内容次第ですから、労働条件を確認してみてください）。

このとき、共働き世帯（どちらも正社員）なら退職金を2つもらうことができます。夫と妻がそれぞれ、退職金をもらって引退するからです。

かつて世帯の働き手は男性のみという場合がほとんどでしたから、一人分の退職金で夫婦二人の老後をやりくりしました。仮に1000万円の退職金があったとして、これで夫婦の老後20年をやりくりしようとすれば、一年あたりに使える金額はたった50万円です。

しかし共働き世帯の場合、老後に向けてまったく準備できなくても、夫婦ともに退職金をもらえれば、最低限度の準備が実現済みとなります。

仮に1000万円の退職金を夫婦がそれぞれもらったとすれば、合計2000万円ですから老後20年の取り崩しとしても年100万円を回せて、毎月8万円も使えます。

1500万円以上の退職金を二人とももらえたなら、これだけで老後の基本的な備えはクリアできるほどです。現役時代は目の前のお金のやりくりが綱わたり続きであっても、老後の生活をスタートさせてみたら、予想外の金額が銀行口座に入金されているかもしれないのです。

夫婦で厚生年金をもらう老後も大違い

もうひとつ、共働き夫婦の老後には貴重なプレゼントが待っています。**公的年金**です。

誰もが国の年金に期待していない時代ですが、実は国の年金の破たんリスクはほとんどありません。これは2014年に厚生労働省が徹底的なシミュレーション結果（財政検証結果）を開示したことで明らかになりました。最近、威勢良く「年金は20XX年に破たんする」と言う人が減ったのはそのせいです。日本という国が存続していて公的年金だけ破たんするリスクはそもそもないのです。

しかし年金の受取額が減ることは間違いありません。今もすでに年金額の引き下げ（マクロ経済スライド）は法律上決定済みで実行中で、おおむね15%くらいは引き下げを予定しています。また、66歳以降に年金の受け取り開始年齢を引き上げることも世界中ではすでに実行済みで、日本で検討される可能性もあります。ただし、**どんなに年金が下がったとしても共働きなら大丈夫です。「厚生年金を二人分もらう」という大きなメリットがあるから**です（図1-1）。

1-1 働き方によってもらえる年金、退職金が違う

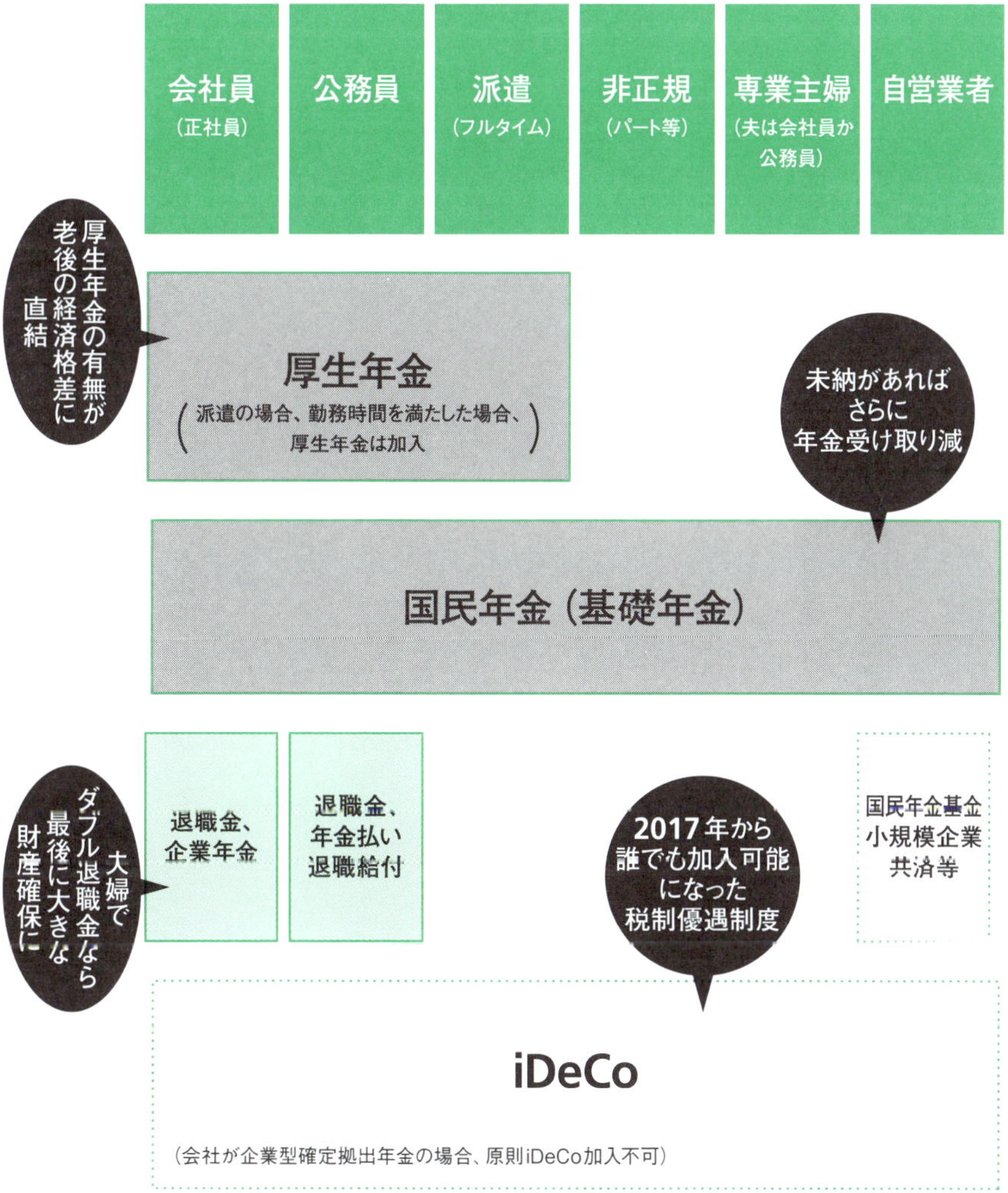

会社員（正社員）
公務員
派遣（フルタイム）
非正規（パート等）
専業主婦（夫は会社員か公務員）
自営業者
厚生年金の有無が老後の経済格差に直結
厚生年金
（派遣の場合、勤務時間を満たした場合、厚生年金は加入）
未納があればさらに年金受け取り減
国民年金（基礎年金）
夫婦でダブル退職金なら最後に大きな財産確保に
退職金、企業年金
退職金、年金払い退職給付
2017年から誰でも加入可能になった税制優遇制度
国民年金基金 小規模企業共済等
iDeCo
（会社が企業型確定拠出年金の場合、原則iDeCo加入不可）

共働き世帯の年金総受取額は30年間で1億800万円！

会社員は厚生年金保険料を毎月の給料から納めていて、これは給与の約9％にもなる大きな負担です（実際には会社が同額を払っており給与の18・3％に相当する）。給与明細を見ても、一番引かれているのは厚生年金保険料かもしれません。「手取りがなかなか増えないなあ」と苦労しているとき、こんなに引かれているのかとうらめしく思うこともあるでしょうが、老後に報われる日が来るのです。

現在の法律では、65歳になると国民年金と厚生年金をもらい始めることができます。それぞれ老齢基礎年金、老齢厚生年金と呼ばれますが、厚生年金は会社員や公務員だけがもらえる年金です。老齢厚生年金は厚生年金保険料を納めていた人だけがもらえるので、会社員や公務員が受け取れるのは当然ですが、世帯の合計年金額は共働きのほうが多くなります。

専業主婦と会社員世帯の場合は「夫：基礎年金＋厚生年金、妻：基礎年金」をもらうところ、**共働き世帯の場合は「夫：基礎年金＋厚生年金、妻：基礎年金＋厚生年金」**となるからです（図1‐2）。

金額的には大きな差です。専業主婦のモデル世帯の場合、現在の年金受取額が月22・1万円

1-2　正社員共働きは、最後に笑える

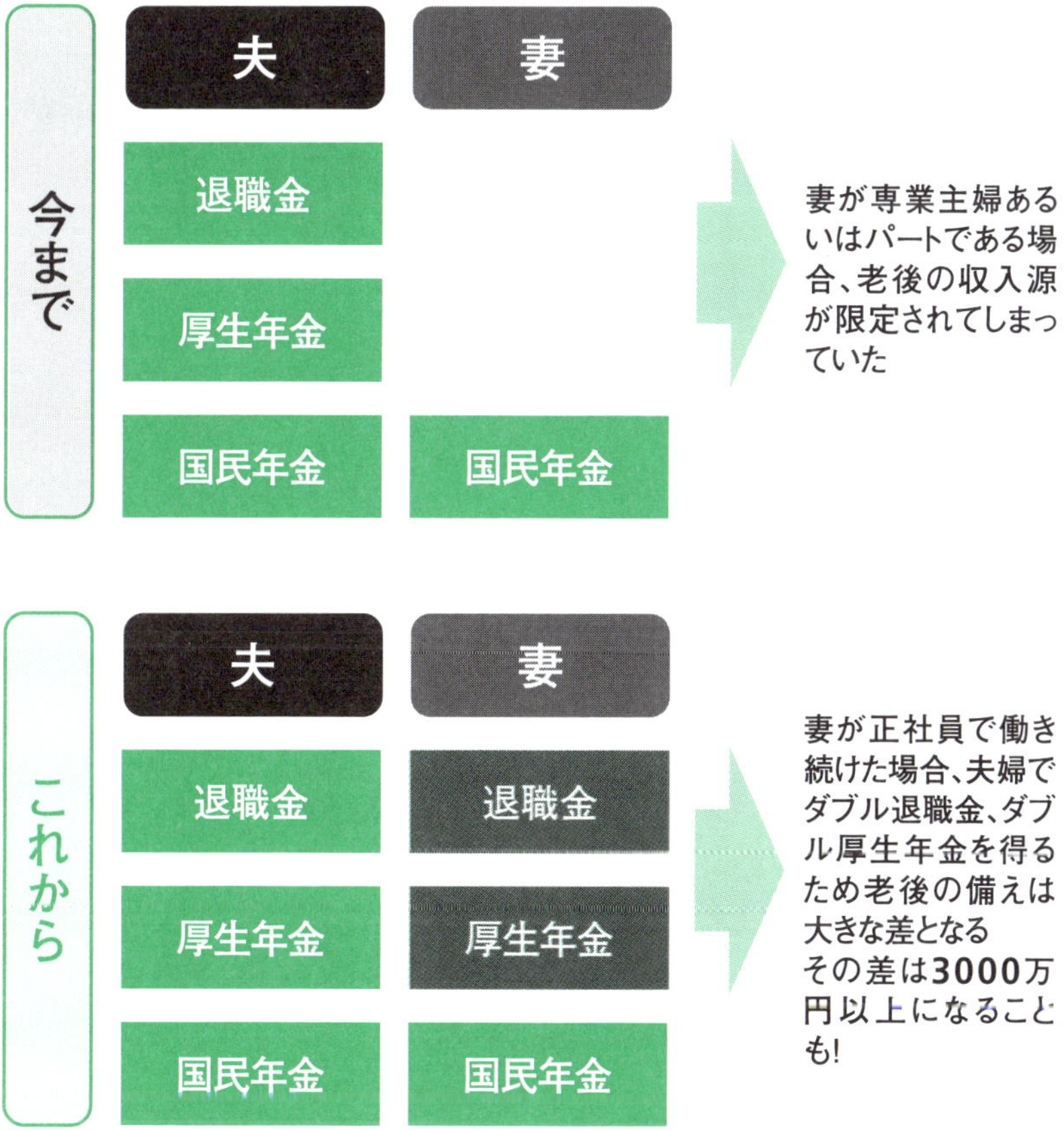

現役時代は仕事に子育てにと苦労するが
共働き正社員は老後に大きな差がつく

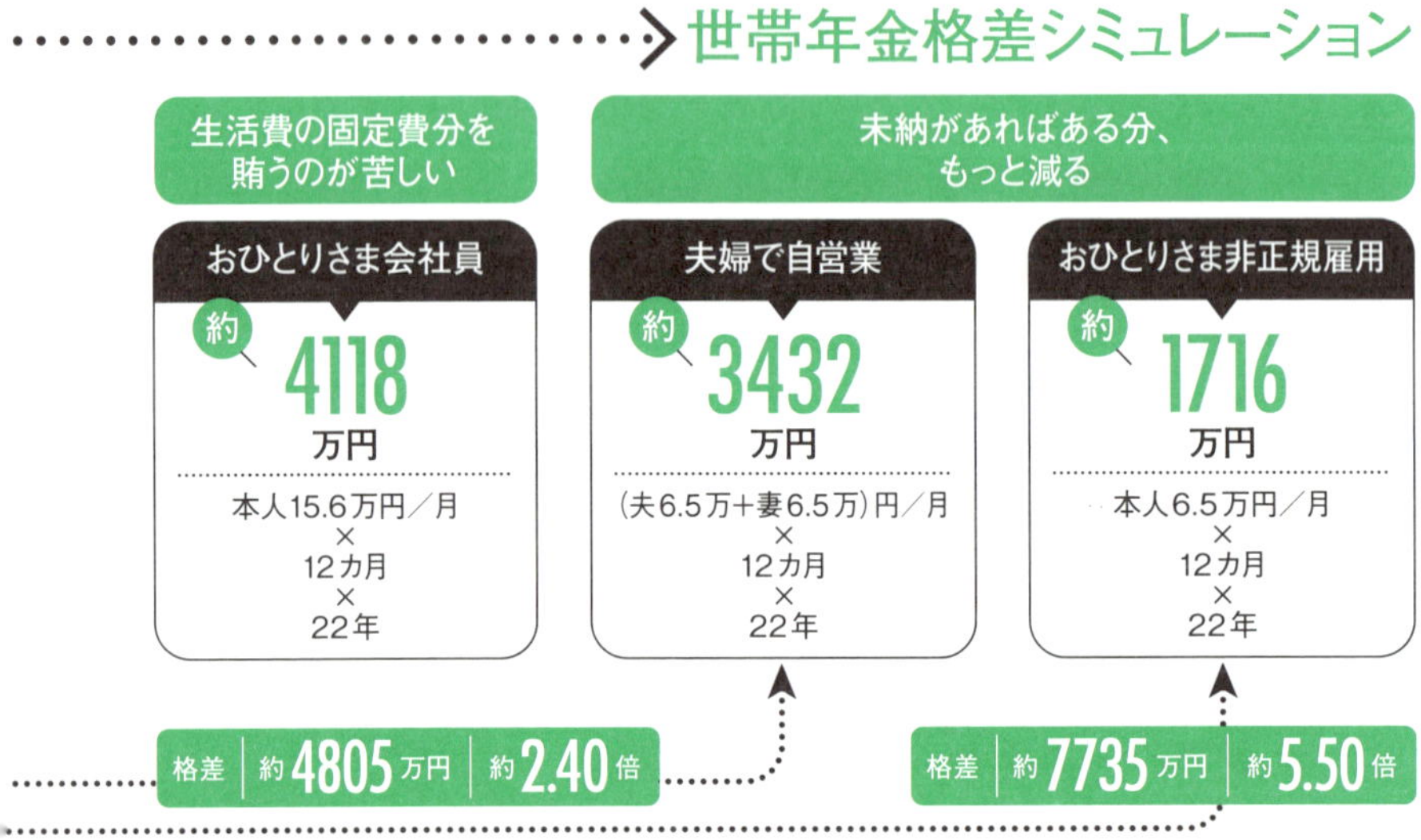

資料:世帯年金格差シミュレーション（プレジデント誌より著者作成）

くらいなので、ざっくりと言って大卒初任給くらいのイメージですが、共働き正社員世帯の場合、月31・2万円くらいが期待できます。女性は育休や産休を挟むことで男性の厚生年金額には並ばないかもしれませんが、それでも夫婦合わせてアラサー社員くらいの収入をもらえるかもしれません。

たった月31・2万円と思うかもしれませんが、この差は長い老後を踏まえると決定的な差です。標準的な老後の年数は男性が19年、女性が24年なので（65歳の平均余命）、中間をとって仮に22年とします。**月22・1万円で22年なら総受取額は5834万円のところ、月31・2万円の年金で22年なら総受取額は8237万円、もし30年ならなん**

1-3 世帯年金格差シミュレーション

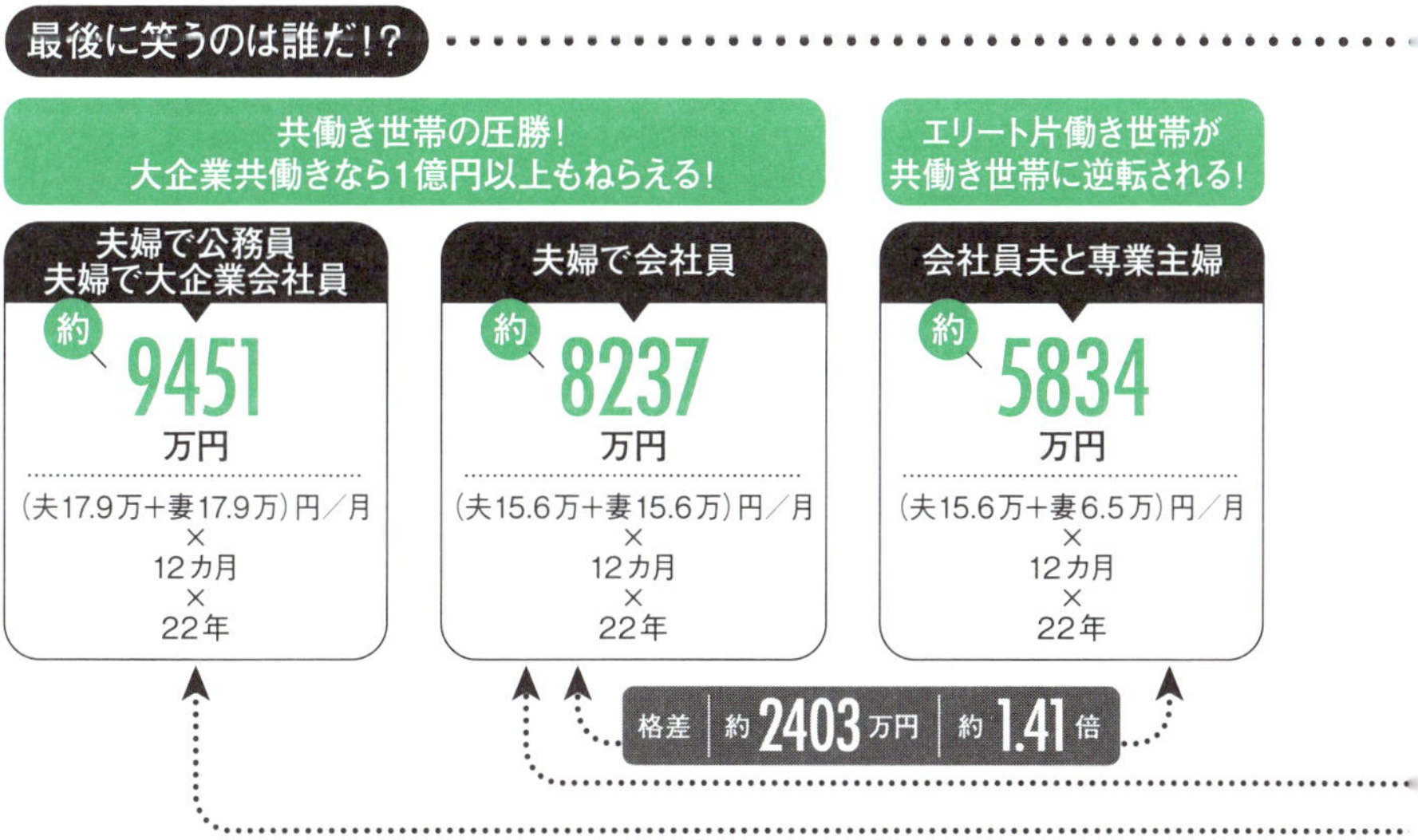

と1億800万円です（図1-3）。しかも老後が長ければ長いほど、この差は拡大します。

「ダブル厚生年金＋ダブル退職金」で老後に笑う共働き

厚生年金を二人分もらうわけですから、基本的な生活費で老後に余裕があるうえ、退職金も二人分あるので、さらに余裕をもって取り崩しできます。

お年寄り同士の話し合いではよく「あそこの奥さんは学校の先生をしていたから、退職金も年金も多いでしょう。だから結構お金あるのよ」といった話を聞かされます。確かにかつては、女性がずっと働き続けられる職場は公務員くらいでした。しかし、これからは違います。女性も社会人になった年から会社員として働き、産休・育休を何度か経つつも働き続け、「国からは厚生年金と基礎年金」「会社からは退職金」をもらって引退する時代がやってくるのです。

そのとき、**夫婦で考えてみると「ダブル厚生年金＋ダブル退職金」という新しい老後を迎える時代がやってきます**。仮に公的年金水準が今の計画より下がっても、共働き夫婦なら乗り越えることは簡単でしょう。

今、目の前のお金のやりくりのためだけに共働きをしてしのいでいると思っていたら、最後の最後に、大逆転が待っているのです。きっと「苦労してきて良かったな」と夫婦で笑える老後を過ごせるはずです。そう考えてみると、共働きもやりがいが出てくるのではないでしょうか。

Chapter 2

共働きの結婚術

Chapter 2 ポイント

1. 現代は夫婦3組のうち2組が共働きという時代。結婚退職をする人の割合は1980年代後半では37％だったが、2010年代前半には17%弱まで下がり、もはや少数派になっている。

2. 共働き夫婦は二人合わせて5億円ほどの生涯賃金を見込め、さらに退職金や年金で1億円以上が上積みされる可能性も。結婚退職しないこと（させないこと）は夫婦が幸せになるカギ。

3. お金を積極的に貯めるチャンスは人生で3回くらいしかなく、そこを有効活用できるかが生涯貯蓄額に影響する。これから結婚予定のカップルや結婚間もない夫婦は、今「貯め癖」をつけられるかどうかで今後の家計状況が変わる！

共働きの結婚は
そのまま共働き維持が原則

共働きカップルの結婚、寿退社を許さないのが
今の時代の「男の甲斐性」

読者の中には「これから結婚をする」予定のカップルもいると思います。この章では、共働きの結婚術についてまとめてみます。

そもそも共働き夫婦であるということは、「結婚退職を選択しなかった」ということです。これはマネープランにとっても重要な分岐点です。そして共働きを選択した夫婦は、その決断が間違っていなかったことを未来に必ず実感できるはずです。

20代後半の女性の就職率が80%となるなど、女性が働くのはほぼ当たり前という世の中になりました。今では短大や四年制大学に通った女性のほとんどが就職をします。

未婚の女性についていえば、独身のまま年を重ねた場合は働き続けることが一般的です。しかし「結婚」というライフイベントを前にすると、男性も女性も「女性は家庭で」と考えてしまう人が今でも少なくないようです。学生や20代前半の社会人の取材レポートなどを読んでいると、女性の結婚退職願望が強いことと、男性も結婚退職容認意識が強いことに驚かされます。

女性の結婚退職願望が強いことについては、私はあまり批判的ではありません。あくまで「願望」であれば、仕事は面倒だしストレスだらけなので辞めたいと思うのは当然です。男性だって、できるものなら仕事なんてしたくないと思っている人はたくさんいます。

むしろ気になるのは、男性が女性の結婚退職を容認する意識です。雑誌やネットで目にする記事などでは、「家で待ってくれている人がいるとほっとするから」「会社を辞めたいという女性の希望をかなえてあげたい」といった発言が出るのですが、残念ながら、普通の男性では結婚退職した女性を満足させられるだけの収入を得ることは困難です。子育ても住宅購入も厳しいものがあるでしょう。

もし男性が「女性は結婚退職するのが普通」と思っているのなら、明らかに誤解です。**「共働**

き」が多数派という時代にすでに突入しており、「専業主婦と会社員の世帯」と「共働き夫婦の世帯」の比率は「1：2」。3組の夫婦のうち2組が共働きなのです。

ここでいう「共働き」はパート等も含みますが、結婚退職の割合は１９８０年代後半に37％もあったものが、２０１０年代前半には17％弱まで下がっています。結婚退職する人のほうが少数派になっているのが「普通」の時代なのです。

「共働きをして2倍稼いで2倍楽しいことをしよう」とプロポーズしよう

あなたが男性で、これから結婚を考えている意中の相手がいる場合、女性ができれば会社なんて辞めたいと思っている本音を理解しつつも、結婚を機に退職をさせないプロポーズが必要です。

彼女に「結婚しよう」と告げるとき、自分から相手の結婚退職を促すようなことを口にする必要はありませんし、間違っても「家庭に入ってくれ」と言うべきではありません。**共働きを続ければ二人で4億～5億円以上稼ぎ、退職金や年金の権利も含めればさらに1億円以上を上積みする可能性**をわざわざ半減させて、彼女を幸せにできると考えるのは無理があるからです。

次に、彼女が結婚退職を希望しているかどうかを探ります。交際期間中にさりげなく話題にしておくのがいいでしょう。「このまま付き合っていけば結婚することになると思うけど……」という雰囲気を出しつつ話題を振れば、相手も自分の考えを披露してくれるでしょう。「結婚退職するつもりはない」とはっきり言ってくれる女性なら、あなたにとって一緒に稼いで二人の夢や幸せを実現するパートナーになり得ると思います。ぜひ後日のプロポーズでゴールを勝ち取ってください。

さりげなくヒアリングして「結婚退職したい」と言われたときは悩みどころです。相手が理想として語っているのか、本気で言っているのかにもよるので、本音を探ってみましょう。「現実としては無理かもだけど、できれば寿退職したいなー」ぐらいであれば、説得できるかもしれません。

しかし本気で結婚退職を希望しているのであれば、プロポーズ本番前に軌道修正しておいたほうがいいと思います。

「結婚退職しちゃうと、今みたいに美味しいところでご飯したり、旅行できなくなっちゃうよ」

「ぼく一人の年収で二人分のやりくりになるから、おこづかいも今の半分以下になっちゃうよ（服や化粧品も自由に買えなくなるよ）」

といった事実をさりげなく指摘し、共働きを続けたほうが2倍幸せになれるんだ、というような理解を求めていくことをおすすめします。どうしても寿退職を主張して譲らない彼女であった場合は、別の相手を探すことも一考していいと思います。それくらい、共働きでない生き方は二人の未来に重い十字架を背負わせることでもあるのです。

ここまでは男性目線で書いてきましたが、女性目線で考えても、寿退職で得られる満足（仕事のストレスからの解放）と、新たに生じるストレス（自由に使えるお金が一生減る）と、さらに経済的不利益があること（生涯賃金は下がり、産休・育休の給付はもらえず将来の年金額も下がる）を天秤にかければ、お得な選択肢ではないと思います。この話、もう少し詳しく解説してみましょう。

共働きを続けることが夫婦に有利な3つの理由

なぜ、**「結婚も出産も退職事由としては考えない」ことが女性にとっても夫婦にとっても重要**なのでしょうか。マネープランとして考えたとき、大きく3つの理由があげられます（図2-1）。

1．明らかに生涯賃金格差が大きい。

2-1 寿退職が得をしない3つの理由

1. 明らかに生涯賃金格差が大きい	退職後、専業主婦となれば2億円、派遣社員となっても1億円くらいの収入格差が生じ、老後の資産格差も数千万円以上になるおそれ
2. 一度離職すると復職に苦労する	産休・育休期間からの復職は法律で保障されているが離職後の就職活動は必ずしも正社員で戻れるとは限らない
3. 離職ではなく産休・育休を取得すれば、各種給付を受けられる	産休期間は自分の健保から、育休期間からは自分の雇用保険から、給付金を受けられるが、専業主婦になるとその対象とならない。 復職までの期間にもよるが子ども一人で給付は数百万円に

2．一度離職すると復職に苦労する。

3．離職ではなく産休・育休を取得すれば、各種給付を受けられる。

まず「明らかに生涯賃金格差が大きい」点について確認すると、**大卒女性が正社員として働く場合の生涯賃金は2億4000万円ほど**あります。賃金以外にも退職金を多くもらえたり、**厚生年金額が増えることなどを考えると、セカンドライフにおいて4000万円ほどの差がつくと見込まれます**。税金や保育料を引かれても、子育てしながら正社員でがんばる価値は絶対にあるのです。

次に「一度離職すると復職に苦労する」点があげられます。ある調査では、専業主婦である女性の多くが、正社員としての雇用を希望しながら、パートや非正規の形で働いている現状をデータで示しています。これはたった一度の離職が、その後の復職の大きなハードルとなることを表しています。

しかし、**産休・育休から復職する女性の雇用を会社側は拒んではいけないことが法律で決まっています。また産休・育休を理由として解雇することも禁じられています。**復職後にいきなり配置転換するような意地悪をしたり、育休を理由に評価を下げるようなことも禁止されています。もともと日本の会社員は解雇されにくい立場にあり、自分から「寿退職」や「おめでた退職」を申し出ない限り、女性の働く権利は手厚く保護されています。今、正社員で働いている女性がこの制度を利用しない手はありません。

3つ目は、「離職ではなく産休・育休を取得すれば、各種給付を受けられる」点です。後述しますが**産休期間は休職開始前の賃金の3分の2を、育休期間は最初の半年は3分の2、それ以降は復職まで2分の1相当の賃金がもらえます。**これは健康保険の被保険者（保険料を納めて保険証をもらう本人のこと）、雇用保険の被保険者（会社に雇用されている人）だけが得られる権利です。

専業主婦やフリーランスの立場で妊娠と出産をする場合と比べると、これらの給付金だけで考えても数百万円の差になります。保活の面でも正社員の育休とフリーランスの休業中では入りやすさが違います。

結婚する前に離婚を考える人はいませんが、離婚を考えるときも会社員のほうが有利です。自分が仕事をしていて稼ぎがある場合、「生活ができないので離婚せずガマンする」という選択をしなくて済むからです。

いずれにしても、女性が結婚に際して共働きを続ける選択をすることは、夫婦のマネープランを生涯にわたって力強いものとする第一歩であり、踏み外してはいけない必須の選択肢なのです。

共働き維持のための大前提は男性の家事シェア

男性にお伝えしておきたいことは、プロポーズのテクニックだけではありません。彼女に共働きという道を選んでもらう以上は、男性も家事をしなければいけないということです。

共働きをして女性もあなたと同様の仕事をしているのに、「夕食を作るのはいつも妻の仕事」とか、「洗濯物は妻に担当してもらう、だって自分はできないから」というのはおかしな話です。

共働きをして、夫婦どちらの収入も世帯の生活資金として暮らしていくのですから、家事についても夫婦で一緒に担当していくのは当たり前です。

一人暮らし経験がある男性の場合、洗濯や掃除、料理などそれなりにこなせる人のほうが多いと思いますが、実家暮らしの人は要注意です。花嫁修業として家事や料理を学ぶ女性がいるように、男性も結婚前に家事や料理に慣れておくくらいの気持ちを持ちたいものです。また、家事を担当することは、ひいては子育てを担当することも意味します。イクメンも男性の必須課題ですが、家事ができない人は育児もできないと考えておきましょう。

女性に対して言っておくなら、「家事がまったくできない男」は結婚相手として要注意です。彼の年収が1000万円であってもダメです。共働きをすれば、あなたが苦労するばかりになるでしょう。男性が家事ができるタイプかどうか、交際中から探っておくべきです。

共働きの新婚ライフは最大の貯めどきにする

「結婚〜第1子誕生までの貯めどき」を逃すな

さて、めでたく結婚したカップルの最初の「共同作業」は、ケーキ入刀より「貯蓄開始」です。**人生においてお金を積極的に貯めるチャンスは3回くらいしかありません。そこを有効に活用できるかどうかが生涯の貯蓄額に影響するのです**（図2‐2）。

1つ目の貯めどきは「独身時代」です。特に自宅通勤をしている場合、ここでお金を貯められるかどうかが大きな差になります。

2つ目は、「結婚してから子どもが誕生するまで」です。子どもが誕生するといろいろ出費が

2-2　貯めどきは人生に3回しかない

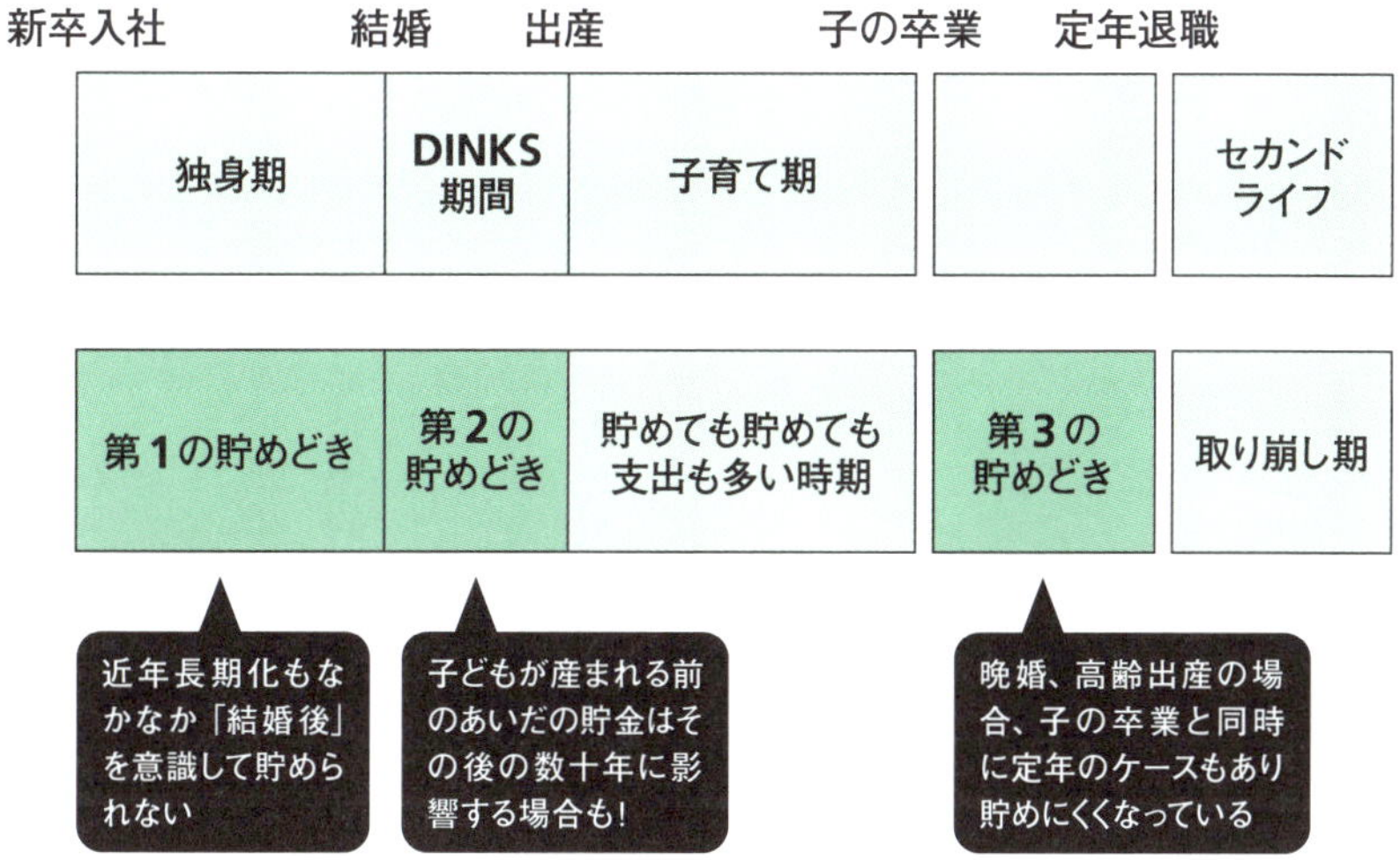

増えるので、このわずかな期間は貴重な貯めどきです。

３つ目は、「子どもが社会人になってから定年退職まで」です。子どもがいなくなって夫婦二人の生活に戻ったとき、年収は若い頃より増えているので貯めやすいのです。

ところが、３度の貯めどきを有効活用できることは、今ではあまりなくなってしまいました。

まず、最後の貯めどきはほとんど失われています。晩婚化と子育てスタートの高年齢化により、子どもが卒業する年齢もまた高年齢化しているからです。43歳以降に最後の子どもが生まれると、65歳以降まで子育て費用がかかります。下手すれば年金生活に入っているのに学費がかかることになり、自分の貯金どころの騒ぎではなくなります。我が家も含め、そうした夫婦も珍しくありません。

また、最初の貯めどきは結婚前です。30歳代の結婚で交際期間が長いカップルであれば、ぜひ結婚後のことも考えて積極的に貯金をしてもらいたいと思います。しかし多くのカップルの場合、この貴重な期間に貯めたお金はせいぜい結婚資金どまりということになります。

2つ目の貯めどき（結婚後すぐ）についても、おめでた婚（できちゃった婚）の夫婦が増えていることによりチャンスが減りつつあります。統計的には第一子の25％は、おめでた婚に該当すると推計されています。妊娠して初めて結婚を決断することは、それはそれで喜ばしいニュースですが、お金を貯める時間は得られないというわけです。

新生活が固まる前に「貯め癖」をつける

結婚してから第一子が誕生するまでの期間がどれくらいあるかは正直未知数です。新婚旅行を終えて数カ月後におめでた発表となることもあれば、5～6年間子どもが誕生しない時間を過ごすこともあります。しかしどの場合であっても、**新婚間もない時期に夫婦の家計管理を確立させ、貯め癖をつけていかなければならない**のは同様です。

「何かと出費もかさむし、二人の生活が落ち着いてから貯金のことは考えよう」という気持ちは分かります。しかし、外食の頻度や水準をつい高くしたり、部屋の内装品などのグレードを上げてしまったり、新婚気分の浮かれた家計はどうしても甘くなりがちです。そして気がつくと、その家計水準が固定されてしまい、まったくお金が貯まらないことになってしまいます。

これから結婚を予定しているカップル、結婚間もないカップルは、**今「貯め癖」をつけられるかどうかで、これからの長い時間の家計が変わってくることを考えてみたいものです。**「貯め癖」という言葉として不思議に感じる人もいるでしょうが、「貯められる家計」をしっかり夫婦で確立していくのです。

新婚当初は「日常生活費」と「新生活を整える費用」をきちんと峻別したい

新婚当初はできる限り家計簿をつけましょう。これにより「二人の生活」にどれくらいの維持費用がかかるかがはっきりしてきます。

まずは結婚したら、お互いの年収を開示し合って、世帯年収を確認することが必要なステップです。結婚すぐにこの確認をしない夫婦は、結婚後何年もお互いの年収も知らず、家計の分担をなんとなくやってしまいます。もちろん貯金もできていないということになるわけです。

そのうえで家計管理に入っていきます。新婚家庭の家計簿においては、それが「日常の生活費」に該当するのか、「新生活を整えるための臨時費用」なのかを整理して、家計簿をつけていきます。


例えば、調度品を少しずつ揃えていく時期に、ソファーやテーブルの購入費用があれば、日常生活費とは切り離して考えます。数万円の家具ならその発想はしやすいでしょうが、数千円のタオルも枚数を揃えていく過程での買い足しであれば、臨時の出費と考えていいと思います。臨時の出費は翌月からはかからないものとして整理できますから、徐々に「本当の生活費」が見えてきます。それまでは2つの支出について、家計簿上でも色分けしておくといいでしょう。

なお、家計簿のつけ方や家計のシェアの適切な方法（4章）、貯蓄目標の設定と分担シェア（5章）についてはまた後でご紹介します。

Chapter 3

共働きの妊活・出産術

Chapter 3 ポイント

1 「妊活」は遅くスタートするほどお金がかかるので、早く始めることが重要。不妊治療を早く開始すると数万円でおめでたということもあるが、体外受精まで行えば年100万円の負担がかかる覚悟が必要。

2 正社員の場合、産休・育休期間中に受け取れる給付金は非課税扱いとなり、休職中の年収減の多くを穴埋めしてくれる。また、この期間は健康保険料と厚生年金保険料が完全に免除される。

3 「職住“保”近接」を考えてみる。つまり自宅と保育園と職場の距離が近いと、子育ても仕事にもプラスになる。夫婦どちらかの職場が、自宅と保育圏から30分圏内にある状況が理想的。

共働きの妊活、出産は「少しだけ」計画的に

妊活術は「早く動く」が大事

「妊活」はいくつもの意味で、お金の問題です。**不妊治療を開始すれば年間数十万円の費用になることは珍しくなく、体外受精まで行えば年100万円の負担は当然**で、お金がなければ不妊治療を続けられないこともあります。

ちなみに私の家庭も妊活に250万円くらい使いました。幸い二人の子どもが誕生し、治療期間も短かったのでこの金額で済みましたが、決して少なくないお金がかかっています。

また子どもが誕生するタイミングは、金銭的な面で人生を左右する問題です。産休・育休は

一時的に世帯年収を下げる要素ですし、子どもの人数は子育て費用そのものを決定づけます。**子ども一人を育て上げるのに2000万円かかるといわれますが、一人なのか三人なのかは経済問題そのものです**。

そして夫婦が何歳のときに子どもが生まれるかによって、定年前後の学費準備が変わります。35歳のときに生まれた子なら58歳のときに学校を卒業してくれますが、40歳のときに生まれた子どもなら63歳になるまで学費の面倒をみることになります。定年後も学費負担がかかるケースもあるわけです。

妊活が人生のお金の問題を大きく左右することを踏まえて（またわが家の経験も踏まえ）、アドバイスしたいのは**「早く動く」こと**です。早く動くとあらゆる意味でマネープランは楽になります。

まず、妊活費用が少なくて済む可能性が高まります。36歳を過ぎて妊活をスタートするより、30歳代前半で妊活をするほうが自然妊娠の力を借りることができるため（また時間をかけて治療ができるため）、自己負担額は少なくて済みます。10万円もかからずに妊娠に至るケースもあるほどです。ところが40歳を過ぎてから妊活をスタートさせると、治療の選択肢が狭まっているためお金はかかり、妊娠の確率も高くないため治療が長期化する可能性があります。

次に、子どもが早く生まれればそれだけ早く社会人になるので、自分たちの老後の貯金に励むことができます。老後の準備が遅れていても50歳代前半で社会人になればまだ間に合います。ところが、「もう少ししたら子どもができるだろう（自然妊娠するだろう）」と期待して「不妊治療に行くのはちょっと……」とためらうあまり、不妊治療の門をたたくのはどうしても遅くなりがちです。不妊治療とまでいかなくても、早いうちに簡単な検査だけしておいて「自然妊娠しやすいのか」「妊娠しにくい要素はないのか」だけでも分かっておけば、選択肢は増やせるのです。

妊活前に妊活費用を貯めておくには一工夫が必要

妊活についてはお金が必要である一方で、そのお金を意識的に貯めにくいという問題があります。最初から妊活を想定している夫婦はまずいないからです。日本で誕生する子どもの10％以上は不妊治療を受けた成果といわれることもありますが、妊活前の夫婦はそんなことを想像もしません。

結婚段階で、夫婦どちらかの体に問題を抱えていることが明らかでない限り、「いつかは自然に子どもが生まれるだろう」と考えるのが普通で、妊活のための貯金をしておくということは現実的にも考えられません。

これはマネープランとしては泣きどころです。通常なら「資金ニーズの顕在化」をさせて「計画的な準備」を促せばいいのですが、その構図が成り立たないからです。しかしお金が足りないからという理由で、不妊治療を受けるタイミングを延期するということは避けたいものです。

そこで考えたいのは「お金に『目的』という色をつけずに、とにかく貯めておく」という方法です。

2章では「新婚直後に貯め癖をつける」という話をしましたが、これは妊活にも有効な方法です。妊活目的という明確なラベルをつけて貯金をするのは難しくても、「これからの新生活で必要となるお金をどんどん貯めていこう」という曖昧なテーマでいいので積極的に貯金を行うのです。二人の合計年収の一定率を貯める、というルールだけを課してもいいでしょう。

結婚して最初の数年で100万～200万円を貯めることをがんばってみてください。少なくとも100万円あれば、その後は夫婦のボーナスが出るたびにそれを妊活費用に回していくこともできます。200万円以上あると、妊活が長めになっても柔軟に対応できるはずです。結果として妊活が必要でない場合は、子育て費用に回してもよいですし、住宅購入費用の頭金としてもいいのです。貯めておいたお金に色はありませんから、二人のこれからの人生の選択肢を広げる力になってくれます。

3-1 妊活のお金はけっこうかかる、どう貯めるか

タイミング法	人工受精	体外・顕微受精
1回 1万円～	1回 数万円～	1回 40万円～

対策1 2年早く行動する

- 妊活の費用は、早期受診するほど低くすむ可能性が高まる
- 「もう少ししたら受診」より「とりあえず検査だけ受けておく」ことを考えたい

対策2 妊活目的ではなくとにかく貯めておく

- 「お金がないのでボーナスまで3カ月何もしない」というのは妊活夫婦にとって辛いこと
- 結婚をしたらとにかく貯金をスタートしておく
「結果として」必要になったときには妊活予算に回すことができる
- 妊活に使わなくて済むなら、住宅購入資金や子育て資金に利用すればよい

対策3 親に打ちあける

- 両親も孫の顔は見たいので、資金余力があれば応援してもらえる
- 親には言いたくない、と思うがむしろ親も相談に乗ってほしいと思っていることがある

妊活の費用については公的な助成もあります。**不妊治療の助成金（特定不妊治療費助成）**です。追加で独自の取り組みを行っている市区町村もありますので確認してみましょう。しかしこうした助成制度は大きな助けになるものの、回数制限と金額の上限があり全額を補助してくれるものではありませんから、やはり自己負担の準備が必要です。

費用の不足があって負担が難しい場合は、親に相談するのも1つの手段です。経済的余裕がある両親であれば、孫の顔を見るための治療に支援をしてくれるはずです。不妊治療をしていることは両親に打ち明けにくいものですが、時間の勝負であることは親も知っていることですから、本音で話し合ってみることをおすすめします（図3-1）。

子どもが生まれた！　ここで辞めないためのお金の基本

産休・育休期間中のお金について、基本を確認しておきましょう。

産休期間は、健康保険制度より給付金が支給されます（出産手当金）。これは産休に入る前の賃金（過去1年間の平均）の3分の2に相当します。産休は出産予定日の42日前から、出産日翌日から56日目までなので、およそ3カ月に相当します。

育休期間については雇用保険制度が給付を引き継ぎます（育児休業給付金）。最初の半年間は産休に入る前の賃金の3分の2を、それ以降は50％が支給される仕組みです。保育園に子どもの入園が決まって復職するまでのあいだ、最大で子どもが2歳になるまで給付が受けられます（図3－2）。

ちなみに、**産休・育休期間中の給付金については非課税であるほか、健康保険料・厚生年金保険料は完全に免除されます**。年収や家庭環境にもよりますが、社会保険料と所得税・住民税を引いたあとの手取りは75％くらいまで下がっていることが多いので、3分の2の給付というのは相当の金額です。ただし50％に下がってしまうと、やはり収入がダウンしたという感覚は避けられません。

厚生年金保険料は本人負担分も会社負担分も無料で済むうえ、産休開始前の保険料相当を納めたものとして記録されますので、年金額についても不利になりません。また、復職後に給与水準が下がっていた時期があっても、子どもが3歳になるまでの期間については子育てがスタートする前の保険料を納めていたものとみなされ、子育て中に年収がダウンしていたとしても年金には不利になりません。

出産手当金については、健康保険の被保険者（保険料を払っている本人）しかもらえません。育児休業給付金も、雇用保険に加入していた労働者本人が対象です。会社を辞めている人や専

3-2 妊活、産休、育休でもらえる給付

妊活	**国（都道府県）「特定不妊治療費助成」** 1回15万円、6回まで（所得制限、年齢制限等あり） その他市区町村から助成金がある場合もある
産休	**健康保険から** **「出産育児一時金」**出産時に42万円が支給 （産婦人科の出産費用に充当） **「出産手当金」**いわゆる産休給付を出産予定日前42日、出産日後56日間、休職前の給与の約3分の2受けられる
育休	**雇用保険から「育児休業給付金」** 休職前の給与の約3分の2を最初の半年間受けられ、以降は50%を受け取ることができる 保育園が見つかるまで、子が1歳6カ月になるまでの間受けられる なお男性も取得可能

業主婦はもらえませんし、フリーランスのような雇用保険に入っていない立場の人も同様にもらえません。

こう考えても、「(会社員として)働きながら子育てをする」という選択は、マネープラン的に大きな意義があるのです。

共働きの「保活」は基本的な手順を外さないように

子どもの誕生からしばらくは慌ただしい日々が続きますが、徐々に生活サイクルが整ってくると、保育園の入園を決め、復職へのスケジュールを考えることになります。多くの場合、年度中の0歳児入園は難しいため(といっても申し込みはしておいたほうがいいでしょう)、翌年度4月からの入園をまずは目指すことになります。**保育園に入るための活動を就活(就職活動)になぞらえて、「保活」といいます。**あわせて語られるのは「保活は厳しいもの」というエピソードです。

共働き夫婦が、育休期間を終了する前に保育園を見つけられなければ困ったことになります。育休期間は最大で子どもが2歳になるまで延長できるものの、収入はお休み前の5割ですからあまり余裕はありません。保育園がギリギリまで決まらないこともストレスになります。

保活のテクニックについてはいろいろな解説がされていますが、情に訴えることやコネを使うようなアドバイスの多くはやや眉唾もので、むしろやるべきことをしっかりやることが大切だと思います。

私自身の保活経験を踏まえますと、以下の取り組みを押さえておくことが肝心だと思います。

1．居住エリアの保育園の空き状況、保活の厳しさについて、子どもが生まれる前にリサーチをしておく（この段階で、賃貸暮らしなら転居を選択するのも一考）。

2．育休を取得している場合、きちんと書類さえ書けば条件は有利になることは間違いないので、市区町村の保育課に相談に行き、手続き等の説明をしっかり受ける。

3．見学はしっかりしておく。国が定めた基準に基づく認可保育園を優先順位としながら、認証保育園（東京都の場合。都の基準をクリアした私立の保育園）や、認可外の保育園についても見学をして、認可保育園に入れなかったときの保険として併願もしておく。かなりの順番待ちがあっても、認可保育園に入れた人は全員キャンセルするので、まずは予約をしておく。

この上で、認可保育園の申込書類をきちんと記入し提出すればチャンスはそれなりにあります。保活失敗のケースは、準備不足によるものも少なくないからです。

ちなみに保育料は所得に応じて決定されるため、共働き家庭にとっては大きな負担になることもあります。ですが正社員として働いている人であれば、苦しい負担であっても保育園に通わせながら年収を稼ぐ努力をすることが、長い目で見ればプラスになるはずです。第二子以降は費用の減免措置もあります。離職を考えるより前にまずは保活をがんばってみてください。

なお、認可保育園に入れなくてもあきらめないでください。認可外保育園でも、市区町村によっては一定の給付を行ってくれ、認可保育園に通わせるのに近い費用負担で保育園に通園できる場合もあります。詳しくは市区町村の保育担当課に問い合わせてみましょう。

子育てを少しでも楽にするなら職住〝保〟近接も考えてみたい

ところで、**保育園と自宅と職場の関係が近いと、子育てにおいても仕事のしやすさにおいてもプラスになります。職住近接に保育園を加えた「職住〝保〟近接」です。**

高度経済成長期は、通勤時間を1時間以上取らなければ住宅取得が困難でしたが、結果として「職住」の距離が離れてしまいました。これは仕事と子育ての距離も離れてしまうことを意味します。

団塊世代の共働き夫婦の場合は、夫が会社員で遠い職場に通うがゆえに家事育児をほとんどせず、妻が家事や子育て負担をすべて担う必要があったため、妻は自宅近くの職場を選ぶしか選択肢がありませんでした。スーパーのレジ打ちのような非正規の仕事が中心になります。

しかし現代の共働き夫婦においては、結婚前からそれぞれ正社員として働いている場合も多く、「職住」の距離が離れたままの状態で子育てを開始すると、妻に過重な負担が生じます。そこで「職住〝保〟近接」を意識した居住エリアの設定を考えることがカギになります。

子どもが熱を出したと連絡を受けても帰宅に90分かかるようでは、お迎え後に病院に連れて行く時間も確保できません。**せめて夫婦どちらかの職場が30分圏内にある状態が理想で、60分圏内は確保したいところです**。

職場と自宅が近ければ、朝夕に家にいる時間を少しでも長く取れることになり、お迎えや帰宅が早くなればリラックスする時間も確保できます。例えば東京都23区内に職場があるなら、23区内もしくは隣接市に住所をおくくらいがいいのでしょう。路線を選んだり、〝断捨離〟して不要なものを捨てて部屋の広さを抑えれば、割高な賃料を抑えることもできるでしょう。

子育ては養育費や学費負担の問題だけでなく、精神的ストレスの問題も抱え込むことになります。もし時間を短縮することでストレスが軽減されるのであれば、これは意味のある支出ではないでしょうか。

Chapter 4

共働きの家計術

Chapter 4 ポイント

1 共働き夫婦は2つの給与口座を持ちながら1つの家計をやりくりするため、家計負担が不公平になりがちで、それがストレスの原因にもなる。家計負担のやり方は、金額ではなく割合が公平になるよう意識して改善するべき。

2 スマホの家計簿を活用してなるべくラクをしながら記帳、夫婦の家計負担の現状を把握しよう。それぞれの年収を考慮しながら負担割合や具体的な分担を決めていこう。

3 家計の分担が合理的になれば、こづかいの金額設定も合理的に決められる。夫婦それぞれのこづかい額が決まったら、使い道にはお互い口を出さないことが共働きでは大事。

「2つの口座で1つの家計」という悩み

共働きは家計を適当にシェアしがち

共働きの場合、家計管理はどうしてもいい加減になりがちです。それぞれが稼いだお金を給与振込口座に持ち、それぞれが支払いをしている共働き夫婦は、家計が一体的に管理されていることはまれで、それぞれが必要に応じて支払っていることが多いからです。

それでも「なんとかなる」ことがあります。夫婦の合計年収で600万円以上あれば、一人暮らしの頃より家計全体では余裕がありますし、合計年収が900万円を超えてくると子育てしつつもなんとかやりくりできてしまいます。

しかし、それは要注意。**「目の前」の家計がやりくりできることと、夫婦の将来が安定することとは別の話**だからです。今月の収支、来月の収支がやりくりできても、そのままのペースで10

年過ぎてみると、まったく貯蓄ができないまま時間だけが過ぎ去っていたりします。

なんとなくシェアしていた家計の分担にきしみが生じることもあります。子どもが増えたり、子どもが成長して日常的な出費が増大しているのに、「夫は家賃等固定費用全額負担、妻は日常の出費全額負担」のように、負担割合を変えていなかった場合などです。育休中や復職後すぐは妻の収入が下がることもあります。じわじわ妻の負担が増えてしまい、夫婦でバランスが取れなくなっていることがしばしばです。

2つの給与振込口座で1つの家計管理をする難しさ

それぞれが給料をもらうというのは、給与振込口座が1世帯に2つあるということですが、実はこれ、管理が難しい状況にあります。家計は1つですから、公共料金や家賃、ローンの支払いはどちらかの口座に偏らせるしかありません。

また食費や日用品のような買い物は、どちらかが100％負担するとは限らないでしょうから、買い物の担当割合が月によって変わると負担割合も毎月変わってきます。LINEで「今日は○○買って帰ってきてね」と妻が夫に頼むというのはよくある光景ですが、家計管理上の曖昧さを生み出すもとにもなっています。

ちょっとマジメに家計管理を考えたときにも共働きの難問は立ちはだかります。夫婦のどちらかだけが家計簿をつけたとしても、家計全体の半分しか把握できないからです。

年収の低いほうが負担の重いこともしばしば

家計のあいまいな分担はストレスを生み出す要因でもあります。そしてストレスが生じるのは負担が相対的に重いほうになります。負担金額が重いほうではなく、負担割合が重いほうに不満が生じる、というのがポイントです。

夫の年収が５５０万円、妻が４５０万円という夫婦の場合、本来なら家計の負担は55：45にしなければならないわけですが、妻は食費や日用品の負担を全額行い、夫は家賃や公共料金を全額負担するだけ、のように単純なルール化をしていると、妻の負担割合が高くなったりします。

負担割合が高いと、こづかいにもしわ寄せが来ますから、ストレスになるのは当然です。新生銀行の調査で、働く男女のこづかいには金額差があるという結果が出ているのですが、男女のお金に関する感覚よりも年収比が影響しているのではないかと私は見ています。

家計分担とストレス問題について、負担が軽いほうは意識しないでしょう。むしろ自分が楽な立場にあることを気がつかないどころか、自分も金額ではたくさん負担していて大変だと思っていたりします。もし、家計の負担について共働き夫婦の片方だけストレスを抱えている状況が生じているとしたら、家計管理体制に改善が必要でしょう。多くの場合、女性が声を上げる必要があります。

家計管理に新しいルールが必要

先ほど共働き世帯の「新しい難問」といいましたが、専業主婦世帯ではこうした問題は起きませんでした。給与振込口座は世帯内に1つしかない場合、家計管理のルール設定等は不要です。なぜなら夫の口座から公共料金を引き落とし、食費や日用品に必要なお金を夫が下ろして妻に渡し、こづかいも妻に渡す（あるいはこづかいなしで、家計のやりくりの余剰があればこれをこづかいに充てる）という簡単なフローを作ればよかったからです。

これはこれで専業主婦の不満もあったと思いますが、家計管理のルールとしては単純であり、1つの収入源で家計をやりくりするルールとしては合理的でした。

紙の家計簿（年末になると書店に並ぶようなもの）が時代遅れになりつつあるように、家計管理のルールも共働きの時代に合った仕組みに変えていく必要があります。

家計の分担方法は3種類ある

共働きはどうすれば家計をうまくシェアできる？

共働き夫婦のための家計分担方法は大きく分けて3つありますが、納得いくのはどれでしょうか（図4-1）。

分担ルール1　妻の収入は全額学費等に回す

もっともシンプルな方法は、**「夫の収入で家計を切り盛りし、妻の収入は貯蓄や子どもの学費等に全額回す」**というものです。典型的なパターンとしては、子どもが高校に入学したのでパートを始め、その収入は全額貯金し学費の納付に使う、といったものでしょう。夫が会社員で妻が専業主婦のモデルから、共働きを開始したような家庭によく見られます。

4-1 共働きの家計シェア3パターン

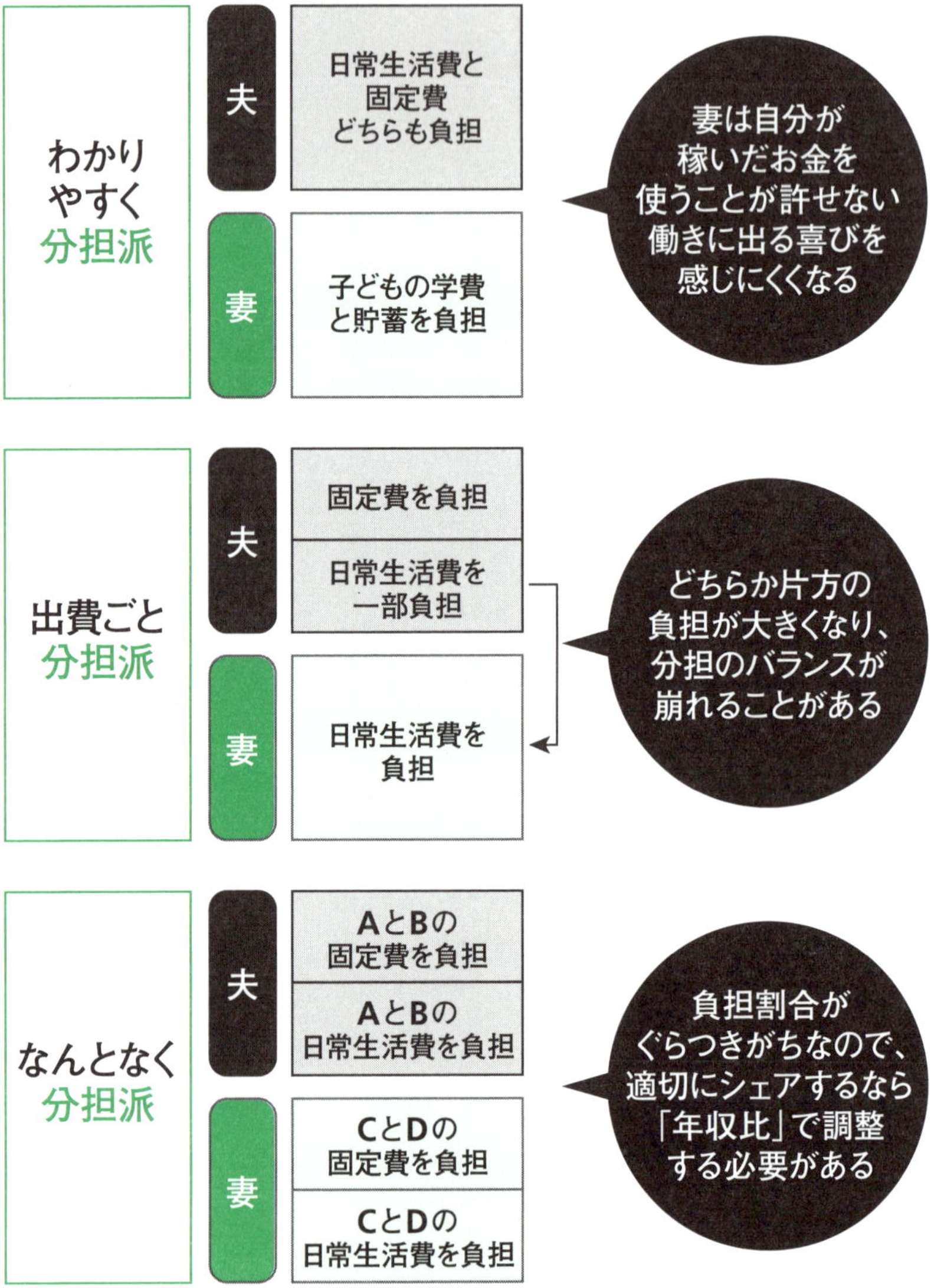
わかりやすく分担派
夫
日常生活費と固定費どちらも負担
妻
子どもの学費と貯蓄を負担
妻は自分が稼いだお金を使うことが許せない働きに出る喜びを感じにくくなる
出費ごと分担派
夫
固定費を負担
日常生活費を一部負担
妻
日常生活費を負担
どちらか片方の負担が大きくなり、分担のバランスが崩れることがある
なんとなく分担派
夫
AとBの固定費を負担
AとBの日常生活費を負担
妻
CとDの固定費を負担
CとDの日常生活費を負担
負担割合がぐらつきがちなので、適切にシェアするなら「年収比」で調整する必要がある

このルールは「分かりやすさ」が最大のメリットです。特定の使い道がある目的について、どちらかの年収をすべて回し、家計が分担されることを最小限度に抑えているからです。

しかし、**「夫婦の片方は稼ぎを全額召し上げられている」感覚が出ることと「日常の家計費を負担する側が（なんとなく）家庭を支配する」雰囲気が出てくるという問題もあります**。

先ほどのように、妻が年100万円稼いでも全額貯金に回り、夫から日常生活費をもらい、こづかいもなし（あるいは夫からもらう）というのでは、妻が働きに出る喜びがありません。自分で稼いだお金から自分の何かを買う、というような部分は働きがいとしてとても重要なので、それを奪ってしまう分担ルールはあまりおすすめできません。また共働き正社員夫婦にはそもそもあてはまりません。

分担ルール2　固定費と日常生活費で負担を分ける

次は、**「固定費と日常生活費で、負担者を変える」**というものです。

典型的なパターンとしては「夫は家賃や公共料金等の固定費をすべて負担、妻は食費や日用品などの日常生活にかかる費用をすべて負担」とするものです。

このルールも「分かりやすさ」があります。主に家事を担当している女性のほうが日常の生活費用を負担することは合理的なようでもあります。この方式を採用している家庭では、たまに家族で動物園やファミレスに行くときなどは夫が全額負担することで、家計負担のアンバランスの微調整（ガス抜きとも言う）となっています。

一方で、**実負担のシェアが合理的なものとなっているか分からなくなるという問題があります**。それぞれ自分の負担する役割は果たしている感覚があるので、家計負担のシェアが金額的に妥当かどうかをチェックする意識が薄れてしまいます。

実際には妻のほうが負担過剰となっていたり、夫のほうがこづかいが多く設定されていたりと（家計負担が軽いほうが自由に使えるお金が増えるため）、実は問題を多く抱えていることもあります。

また、夫も買い物をして帰ってくることが多い家庭の場合、本来なら精算して妻から買い物費用を回収するべきですが、そうしていないことが多く、これまた結果として負担のバランスが崩れていることになります。夫のほうが負担割合がキツいケースもあったりします。

分担ルール3　なんとなくそれぞれシェアしている

3つ目の**「なんとなくシェア」**は、現実的にはよくあるパターンです。完全にシェアされているわけではなく、曖昧なルールが設定され、夫婦の中ではある程度の納得感をもって運用されているのが特徴です。

固定費については分担ルールが決まっているのがほとんどです。公共料金やスマホ代、家賃などはどちらがいくら負担するかはっきりしていますし、引き落とし口座を指定しなければならない（もしくはクレジットカードから引き落とししなければならない）場合は、必ずどちらの負担かは明確化されています。

日常生活費についても、だいたいの分担ルールが決まっています。「基本的に妻が負担、週末の買い物や臨時に買い物に行ってもらったときなどは夫がお会計」のような感じです。

最大の問題点は「負担割合が常にぐらぐらしている」ことです。負担額が多いときもあれば少ないときもあるからです。とはいえ、共働き家計としては現実的な落としどころでもあります。特に結婚前から同居していたカップルなどは、結婚前からそうしていたので、特に疑問も持たずになんとなくシェアを続けていたりします。

もう1つの問題点は、「貯蓄もなんとなくシェアされる」ことです。家計が曖昧なため貯蓄目標も設定・共有されていないわけです（貯蓄術については5章で解説）。

夫婦で合理的かつ納得のいくシェア方法を模索するしかない

3つの分担ルールを紹介しましたが、1も2も、共働き家庭としてはあまりうまくいかないことが分かると思います。

現実的な方法としては、「分担ルール3」をより合理的なものに変えていくのが良いと思います。「なんとなくシェア」ではなく「納得ずくのシェア」に変えていこうというわけです。

例えば電気代やガス代などの固定費は自動的に半額ずつ引き落とすことができません。どちらかの口座で払うしかなく、「電気代は夫、ガス代は妻」とやるのも効率的ではありません。「分担ルール2」も、合理的な分担をしっかり考えていく中に組み入れていくことになります。

けっこう難しい共働きの家計分担術

家計をうまく分担できるステップ

それでは、**共働きが2つの給与振込口座を持ちながら、1つの家計をやりくりする方法**を考えてみましょう。

分担の基本1　家計簿を活用して現状をしっかり把握する

第一にすべきなのは、それぞれの家計負担額を知ることです。

固定費負担だけの人（例えば夫）は、預金通帳の記帳やクレジットカードの明細をチェックしてみて、おおむねの負担額を把握しましょう。「ときどき負担する日用品や食費」についても、思った以上に大きな負担となっていることがあり、一度しっかり記録を取ってみるべきです。

日常生活費を主に負担している人（例えば妻）は、どれくらいの金額が何にかかっているかを把握する必要があり、これは家計簿を記帳することがもっとも効果的です。

それぞれ自由に使っているこづかい額は明細まで見せあわなくても構いませんが、どのくらい使っているのか金額を一度確認しておきたいものです。

夫婦がそれぞれ家計を記帳していくことで、今どれくらい負担をしていて、それはお互いの負担割合としてどのくらいになるかが見えてきます。

記帳にはスマホの家計簿アプリを活用するといいでしょう。同一のスマホのアプリで記帳すれば、比較したりすりあわせるのも簡単に行えます。最近の家計簿アプリは原則として無料ですし、カメラ機能でレシートを撮影すると自動的に認識・記帳されたり、クレジットカードやＥＣサイト、オンラインバンキングのＩＤを連携させると、ネットショッピングの履歴が自動的に記帳されるような仕掛けもあります。

また、日中は常に持ち歩いているというスマホの特性を活かし、ランチタイム、トイレ休憩時、帰りの電車の中など、利用から数時間内で記帳を完了させていきます。夜中にまとめて記帳するより確実だからです。面倒であれば端数は気にせず、10円単位で記帳してもかまいません。好みのアプリがあればそれを使うのが良いと思いますが、選ぶのに悩んだときはｚａｉｍやマネーフォワードなどのアプリは使いやすくておすすめです（図４-２）。

4-2 家計簿のつけかたと項目づくり

スマホアプリで1カ月記帳する

夫婦双方がつける
（片方だけつけても問題解決にならない。またそれぞれの自由出費額や、夫の隠れ家計負担が明らかになる）

10以下の大項目でOK
（小項目にこだわると続かないし、改善は大項目で十分に可能）

10円以下の端数は省略OK
（1日10円の誤差なら月300円程度。それより記帳を断念することの損失が大きい）

その代わり全項目をつける
（自販機の飲料やレシートのない買い物を全把握することが大事）

自動化できる入力は極力自動化する
（クレカ、Amazon等のECサイト、電子マネーなど自動入力可能。レシートもカメラで自動認識できる）

すきま時間にさっさとつける
（夜につけるという思い込みを捨てる。極力その場で記帳、遅くとも数時間内に入力する習慣を）

家計を分析、課題を整理する

- 夫婦間の家計シェアを設定する
- 家計の節約目標を設定する
- こづかいを適正に設定する

★家計簿項目の例

固定費
家賃支払額（住宅ローン返済額）
光熱費（電気代とガス代）
NHKや衛星放送等の契約費用
電話代やインターネット契約費用
生命保険料等
子どものこづかい

日常生活費
交通費
医療費
食費（自炊する分と中食）
食費（外食分）
日用品費用

被服費
美容関連費
交際費
趣味・教養・娯楽費用

臨時支出
子どもの学校の用具費用
冠婚葬祭費
住宅の修繕費
引っ越しの費用

分担の基本2　年収を考慮し、固定費と日常生活費の分担額を決める

次は、それぞれの年収を考慮して適切な負担割合を設定し、具体的な分担につなげます。

例えば、先ほどの夫の年収550万円、妻が450万円の夫婦の場合、家計の負担割合は55：45になればちょうど良いはずです。ところが、二人が家計負担を半分半分にしていたとすれば、

妻の負担がかなり多くなっていて、その分こづかいなどにしわ寄せが来ていることになります。すべての負担を半分ずつ律儀に割るというのは大変ですから、毎月の平均的な費用を累計して、おおむね年収対比（この例なら55：45）で収まるように調整していくといいでしょう。

具体的に行ってみましょう。

夫：家賃と光熱費、ＮＨＫや電話代等の公共料金等を支払う
妻：食費や日用品を支払う

と割り振っていて、家計簿をつけてみたところ、50：50になっていたとします。そこで調整が必要です。例えば「夫が月2万円分を妻に渡す」「外食費用は折半ではなく夫が全額出す」のようなルールをいくつか設定し、55：45になるように負担割合を調整していきます。

このとき注意したいのは、「たいてい妻が買い物をするが、ときどき夫が代わりに買い物してくる」というような例で、家庭の状況によりこの金額が大きく変わってくることです。ある家庭では夫の臨時の負担がほとんど無視できる程度に小さかったり、ある家庭では実は家計全体の10％くらいを夫が負担していた、ということが家計簿の記帳で分かるのです。お互いが思っているほど負担割合はずれていないこともあります。そうした負担割合を確認し、検

討していくことで納得のいく共働きの家計シェアが実現していくわけです。

分担の基本3　注意点は「固定費の変動」と「臨時出費」

基本的な分担割合が見えてきたところで、もう1つ注意点があります。意外と「固定費は変動する」ということです。夫婦で家計の分担について議論した季節が『春か秋』か「夏か冬」によって、参考にした固定費の実績が大きく変わります。具体的には「光熱費」です。

家庭環境にもよりますが、クーラーと暖房の力を借りることになる季節と、窓を開け放してもほとんど困らない季節は光熱費が大きく変動します。電気代とガス代の合計は季節変動が大きく、2倍以上にぶれることもあります。

春に決めた家計分担で、「光熱費は夫」とした場合、夏になると夫の家計は悲鳴を上げるでしょう。光熱費負担がぐんぐん上がるからです。逆に夏の数字で分担を決めると春と秋、夫は月1万円以上も楽になることがあります。こうした季節要因を家計分担でどう吸収するかも検討のしどころです。

もう1つ検討の余地があるのは「臨時支出」です。子どもの服の買い換えなどは季節ものが発売されたときにぐっと費用がかかります。靴の買い換えや、新年度の学校の用具購入費用などの臨時出費はバカになりません。被服費負担を担当するほうの財布にしわ寄せがきます。

一番シンプルな仕分けとしては、固定費の変動のバッファーを見込む分と、日用品等の**臨時支出費のバッファーを見込む分をそれぞれが分担して、細かいところは問わないというものです。ただし家計管理の厳密さは欠ける**ことになります。

あるいは固定費については変動を考慮して、年平均に近い額を負担額として設定するのもいいでしょう。臨時支出についても同様で「月3000～5000円程度を見込む」のように、平均額をきちんと家計に織り込むことも考えられます。こういう負担の増減については想定外のイベントが起きたときはその都度相談して予備財源（ボーナスを何万円かキープしておく）を取り崩すのもいいでしょう。

家計管理というと、とにかくコントロールすることが大事のように思われるかもしれませんが、1円単位まで厳密にすることを考える必要はありません。それでは気が滅入ってしまいますし、生活が楽しくなくなってしまうからです。気持ちよくお金を使って（しかし無駄遣いはある程度抑えて）、公平な分担割合を決めておきたいところです。

不満に思っているほうが声を上げよう

いずれにせよ、**家計の分担については、不満があるほうから切り出すことが大切**です。不満がないほうはつまり、負担割合が軽いほうなので自分から見直しを申し出る可能性は低いからです。そう考えると、基本的には年収が低いほう、あるいは日常の生活費の負担を全面的に負っているほうが、家計分担見直しを言い出す側ということになります。

また一度家計簿をつけて、負担割合を明確化することは、家計を「見える化」するチャンスにもなります。結果として現在の負担割合が妥当だったとしても、何の費用にどれくらいお金が動いているかを数字として「世帯」で見られるようにすれば、貯蓄計画等を考える際にも役立つはずです。これは節約にも通じます。次章では貯蓄のステップに進みますが、その基礎も家計の現状把握です。

家計分担の見直しを提案すると、配偶者から嫌がられることもあるでしょうが、それは自分の自由になるお金が減ってしまうからかもしれません。ぜひ、あきらめずに粘り強く交渉していきましょう。

こづかいもきちんと決めておく

年収対比で決めるこづかいはおかしい

共働き家計、最後のテーマは「おこづかい」です。こづかいもまた共働きの家計で曖昧に設定されているものの1つです。そして曖昧さ故に、不満の温床となっていることもあります。

まず、原則論として考えてみますが、**共働きは共働きであるからこそ、自分の稼ぎからこづかいを設定するべき**です。共働き夫婦のどちらかが、自分の稼ぎがすべて家計に召し上げられていたり、家計の余裕の範囲でのみ、こづかいの捻出を認められるような立場であるのは不公平です。

特に稼ぎの全額を召し上げられるようなやり方は仕事のやる気につながりませんので、絶対にやめるべきです。どんなに金額が少なくても、自分の稼ぎから自分が自由にできるお金を確保し、ケーキだろうと服だろうと、好きに買える、ということが大切なのです。

そして共働きの家計は、こづかいも夫婦が納得できる公平な形で決める必要があります。共働き夫婦のこづかいは、お互いにあまり探り合いをしたくないので、曖昧なままにしていることが多いものです。しかし、なんとなく決めていたところ、ほとんど年収比でこづかいの金額が決まっているということがよくあります。

新生銀行の調査で、働く男女にこづかい額を聞いたところ、男性のこづかいは月3万7428円、女性は3万3951円だったそうです。年収に比例してそれぞれのこづかい額が決まっている実態が透けて見えているのだと思います。

こづかいの範囲（ランチ代など含む）をきちんと決める

前の節で、家計の分担をしっかり話し合って納得いくルールを設定するヒントを紹介しましたが、これはこづかいの金額設定にも役立ちます。むしろ**家計の負担が合理的になれば、自ずとこづかいの金額設定も合理的に行える**、といってもいいかもしれません。

ただし、**こづかいの決定については「範囲設定」がカギになります**。例えば次の負担がこづかいに入るか夫婦の家計の負担に入るかは、はっきりさせておくといいでしょう。

・**スマホ料金**（どちらかが二人分負担している場合、家計の負担とみなす）
・**ランチ代**（片方がこづかいで出して、片方が家計の食費から弁当である場合、こづかい額の設定に配慮が必要）
・**飲み代や一人で食べる夕食代**（特に仕事関係の飲み会についてどうするか）
・**夫婦で食事に行ったときの食費**（割り勘を基本とするか）
・**旅行等のイベント費用**（ボーナスから折半するか、定期的に積み立てるか）

いずれも厳密に決める必要はなく、基本的なルールとして共通の家計から出すという認識なのか、個人のこづかいから出すものと認識するのかを確認しておくといいと思います。

例えば、妻は弁当だが夫は仕事の関係上外食でランチ、という場合は、その分をこづかいに反映させるか、家計のやりくりの中で夫が使っていい予算として認めていく、というふうに整理していきます。

納得のいくこづかい額を決める方法

特に理由がない場合、夫婦のこづかい額は同額であってもおかしくありません。それぞれの家事育児の参加状況もあって夫婦のどちらかが年収が高く、どちらかが年収が低いだけですから、こづかいと年収は無関係であるはずです。しかし理屈はそうでも、現実には成立しにくいようです。年収が高いほうにとっては、自分が多くこづかいを設定できるのが当たり前と思いがちです。

こづかい額の調整もまた、家計負担の調整と同じように、年収が少ないほうから切り出さないとうまくいきません。夫のこづかいにいくつかの予算を含めることで、金額上の差を設けつつも、実質的には大差ないようにするといいでしょう。

例えば、週に1～2日の会食や飲み会がある場合、自宅での食費はかからない分、交際費がかかります。その分こづかいとして認めれば金額的には夫のこづかいは多いように見えます。外食でランチを食べている場合、職場に出入りする仕出し弁当の予算程度をこづかいに上乗せし、それ以上は自己責任でこづかいから負担すれば、こづかい金額の「見かけ」はアップします。

毎月のこづかいは一見少ないように見えても、夏や冬のバーゲンで被服費を妻のほうが多く負担しながら、トータルではそこそこのこづかいを双方がキープできるようにするのもいいでしょう（この場合、ボーナスからのこづかい額もお互い決める必要がある）。

交渉は、先に仕掛けるほうが有利です。自分が有利になるように検討をしたうえで、相手は検討していないタイミングに切り出すことができるからです。ぜひうまく話を切り出してこづかい交渉をしてみましょう。

なお、**「こづかいの使い道にはお互い口を出さない」ことが、共働きを円満に続けていく重要なコツです**。お互いが納得してこづかい額を決めたのなら、その使い道がいかにつまらないものであったように見えても相互不可侵であるべきです。相手の趣味が理解できないこともありますが、こづかいは自分の好きに使ってよく、自由に使途を決められるところに楽しさがあるのですから。

Chapter 5

共働きの貯蓄術

Chapter 5 ポイント

1. 共働き夫婦の貯蓄の分担はなあなあになってしまいがちなので、教育費や住宅購入費など将来の支出に備えて、今から計画的な貯金や資産形成をしていきたい。

2. 年収の20%以上を資産形成に回せると、人生にかなりの余裕が生まれるがちょっと大変。最低でも10%がんばれば、学費の備えと老後の準備がそれなりにはかどる。

3. 貯蓄の余地を見つけるためには家計簿を活用し、数千円ずつでもいいので継続できそうな節約を夫婦で一緒に考えて取り組む。

共働き最大のリスクは「他人任せの資産形成」

共働きの貯金はけっこう難しい

共働きは「2つの収入、1つの家計」をどううまくコントロールしていくかが難しいとすでに指摘しましたが、家計管理だけでなく貯蓄を進めていく点でも同様です。

共働きにおいて、「どちらかの収入だけで二人が生活し、どちらかの収入は全額貯金する」というのはなかなか実行するのが困難です。夫婦どちらかがパートやアルバイトで年100万円以内の収入の場合は実行できるかもしれませんが、二人とも正社員でそれぞれ400万円以上稼いでいる場合、どちらかの収入を全額貯金するとはいかないものです。

しかし、**共働きこそ計画的に貯金しておく必要があります**。学費準備については別の章で触れますが、「子どもが高校に入って学費がかかるから、専業主婦の妻がパートに出て、年100万円くらい世帯収入を増やそうか」という選択肢を、共働き夫婦は取れません。

二人の年収が、子どもの進学のタイミングに沿って100万円ずつアップするというのなら別ですが、そううまくはいきません。ですから共働き家庭のほうが、将来の支出増のタイミングに備えて、今のうちからお金を貯める仕掛けをしておく必要性があるのです。これは「共働きしても家計がギリギリ」という世帯にも、「共働きしていてけっこうゼイタクしちゃっている」という世帯にも、同様にあてはまります。

目の前の家計はうまくいっても貯金がうまくいくかは別問題

共働き夫婦が陥りがちなのは、「目の前の家計はそれなりに分担できている」ので、貯蓄の分担まで意識が回らず、なあなあになってしまうケースです。

夫婦どちらも借金をせずに、必要な家計の支出をどちらかが負担できていれば、「フロー」つまり月単位の収支の面で家計に問題はありません。しかし目の前の家計に問題がなければ、すべて良いわけではありません。**必要なのは「ストック」、つまり資産形成を将来に向けて行い、今後の大きな支出に備えるという意識**です。

子どもを一人育て上げるのには累計2000万円くらいかかると言われ、このうち半分は最後の7年間、つまり高校と大学の学費に費やされます。日本政策金融公庫の「教育費負担の実態調査結果（2018年2月）」によれば、高校入学から大学卒業までに935万円かかるそうです。公立か私立かによって総額は大きく変わるものの、だいたい1000万円の覚悟がいるということです。

全額を事前準備するのは難しいので半分くらいは日々の家計からやりくりするとしても、せめて半分は計画的に貯めておく必要があります。毎年100万円以上の負担はかなり苦しいからです。

住宅ローンも毎月の返済額は日々の家計の中に織り込まれますが、頭金を少しでも多く準備して家を買えば借入額を減らすことができ、かつ総返済額も減らせます。しかし頭金を夫婦どちらも事前準備していなければ、全額をローンでやりくりすることになるでしょう。

老後の心配もあります。老後のための資産形成として、ダブルで厚生年金、ダブルで退職金をもらうことはかなり助かる状況ですが、さらに上積みを図り余裕を作るほうがより安全で豊かな老後になります。でもそうしたいなら、これまた貯蓄をしなければなりません。

一番危ないのは「相手はやってくれている」という思い込み

共働きの貯蓄について、「相手はやってくれているだろう」という思い込みは危険です。思い込みを持っているうちは、本当はどうなのか確認していないからです。

個人的な感想かもしれませんが、夫婦で貯蓄の目標を共有できていない家庭は、夫婦で共通の将来意識を持っていないということですから離婚リスクも高まるように思います。子どもが生まれる前に離婚に至った夫婦の多くは、「共働きの二人がただ同居し、家計をシェアしていた」だけだったということがしばしば見受けられます。

家計の分担が共働き夫婦円満の最初の秘訣だとしたら、貯蓄に目標を共有して分担することが、もう1つの夫婦円満の秘訣といってもいいでしょう。こちらは未来に向けた円満のカギです。

家計を適切にシェアするのは、同居をする以上は当たり前のことです。むしろ貯蓄を夫婦が共同で取り組むようになって、二人が本当のパートナーになれたといえるのかもしれません。

子どもの卒業後、定年時に大騒ぎすることになるかも

貯蓄について、夫婦が比較的対応しやすいテーマは「子どもの学費準備」です。これについては、とりあえず学資保険に入っていたり、なんとなくノルマのように毎月数万円の積み立てが行われていることが多く、「とりあえずがんばって貯め、貯まった分から学費に回し、毎年の負担でやりくりできる部分を出し、それでも足りない分は教育ローン」のように不足分に対応していることが多いものです。ただこの場合も、**「私もやっているのだから、相手もやってくれていると思っていた」と考えていると危険**です。相手はほとんど貯めておらず入学直前に大げんかするのでは困ります。

住宅購入のための頭金作りとローン返済についても、比較的合意形成ができている場合が多いようです。家の購入を夢として語り合ったとき、頭金を貯める計画が合意されれば、お互いボーナスごとに○万円ずつ貯めるといった形で頭金を作ることになります。また、住宅ローンの返済がスタートすると、これは最優先課題として、納得のいく分担が設定されます。

一番危ういのは「現役時代はなんとかやりくりしてきたけれど、定年を迎えてみたら思ったよりお金がなかった」という場合です。ここまでまじめにがんばってきたはずなのに、なぜお金が残っていないのだろうと途方に暮れても、もう会社を辞める年齢になっているのでお金を貯めるすべがありません。まさか65歳になってお金の問題で激しい夫婦げんかになるとは思っていないかもしれませんが、実はそういった夫婦というのは少なくないのです。

共働き夫婦の貯蓄計画は、いずれの貯蓄テーマを考えてみても、家計負担が決まってきたらすぐ検討して実行したいテーマなのです。

どれくらいのペースで貯めるか 夫婦で貯蓄目標を考える

年収比で最低10%は貯めないと後でつらい

貯蓄目標はどれくらいに設定するべきでしょうか？

考え方としては「必要額と準備期間を設定し、毎月の目標額を決める」のが基本ですが、このやり方はなかなかうまくいきません。「必要額」も「準備期間」も、実は具体的に決めるのが難しいからです。

住宅購入の頭金については、金額もゴールも曖昧です。「できれば物件取得価格の○割を」というイメージに従って貯めていきますが、好物件に出会って取得時期を早めることもあり、なかなか計画どおりに事は運びません。

子どもの学費準備についても同様で、学費の全額を事前準備することはほぼ不可能ですし、進路によって実際の金額は大きく変わります。塾や予備校など予想外の出費がかさむこともあります。

必要額にこだわって正確な積算を試みるより、まずは「世帯年収の○割を貯める」という目標を軌道に乗せていくことをおすすめします。

理想をいえば、年収の20％以上を資産形成に回すことができると、人生にかなりの余裕が生まれます。大正～昭和初期に財テクの神様と呼ばれた本多静六氏（東京大学教授）は、収入の25％を貯めるところから資産形成をスタートさせるようアドバイスしています。これを新卒社会人の頃から実践すれば、確かに一生涯お金で困ることはなくなります。しかし、正直これはかなりキツいノルマです。日々の家計を相当圧縮しなければ20％を超えるのは難しいでしょう。

逆に少なくしすぎてはお金が貯まらないので、世帯年収の10％はがんばりたいところです。住宅ローンを設定済みの家庭で、世帯年収の合計が７００万～９００万円くらいの場合、年70万～90万円の貯蓄ペースであれば、学費の備えと老後の備えがかなりはかどります。

しかし税金や社会保険料を引かれた手取り額からすれば、15～20％に近い感覚になるので、今まで貯めていなかった人にとって楽ではありません。まずはがんばって節約し、最初は5％から10％でもいいので貯蓄を始めることが必要です。

家計管理ができれば、貯蓄目標も設定できる

貯蓄する際に大きなハードルになるのも、家計の分担のときと同じく現状把握ができていないことです。4章では家計の負担割合を家計簿で「見える化」しましたが、これは貯蓄の余地と貯蓄負担割合を検討する場合にも役立つ情報になります。

まず、貯蓄の余地を検討するために家計簿の情報を活用します。何もないところからいきなり「月3万円貯める」のはほぼ不可能ですから、節約可能な項目を検証します。外でお酒を飲むのを月1回だけ減らす、終電後のタクシーはやめる、賞味期限で捨てている食材を半減する、格安スマホ会社に切り替える、衛星放送は解約してネット配信の動画サービスにするなど、**ひとつひとつは数千円程度の節約でも、継続できそうな節約を検討**します。家計簿という実データがあれば、「ここを少し削れないか」という検証も具体的に行いやすいはずです。

このとき夫婦のどちらかが一人だけガマンするのではなく、双方がそれなりのガマンをしたり、夫婦どちらにも影響する項目を双方の納得のもとに削ることがポイントです。またどうし

てもガマンができないものをやめる必要はないので、削りやすい「落としどころ」も探してみてください。

ある程度手応えが見つけられれば、「月○万円は貯めよう」という具体的な目標を夫婦で共有し、実現するための配分を考えていきます。基本的には、年収比で家計シェアをするように、年収比で貯蓄ノルマも分担していくことになるでしょう。つまり、年収が高いほうは貯蓄額も高いのが基本ということです。貯蓄の目標も「見える化」することで、お互いにここまではがんばろうという具体的な数字として生き始めます。なお、**「家計負担」「貯蓄目標」を達成したあとの収入との差分については、それぞれのこづかいとして認められる**ことになります。4章で述べたとおりです。

家計シェアとのバランスを取る貯蓄目標設定もあり

年収比で家計のシェアをしようと4章で提案しましたが、実際の家計のシェアがきっちり年収比でない場合は、貯蓄の負担でバランスを取るという方法もあります。

家計管理上は「固定費は夫がすべて負担、日常の生活費は妻がすべて負担」とするほうが分かりやすいことは間違いありません。しかし夫は固定費、妻は日常の生活費、とシンプルに分担をしたものの、夫の負担割合が年収比で少ないということであれば、それぞれの貯蓄目標を変えて、**「固定費負担＋貯蓄目標」の合計で、夫婦が年収比でバランス良く負担すればいい**わけです。

仮に夫が年収550万円、妻が年収450万円の夫婦が、家計シェアの割合を夫55：妻45にしたいところ、うまく割れずに50：50になっているとします。手取りがおよそ700万円、貯蓄目標が100万円、家計の負担額が夫300万円、妻300万円になっているとしたら、妻のほうが年収に占める家計負担割合が重いということです。

このとき、「調整のため毎月3万円を夫は妻に家計負担分支払う」というより、貯蓄ノルマを3万円増やすほうがシンプルです。

そこで貯蓄目標の100万円について、負担割合を夫が重くなるように配分し直します。このケースの場合であれば夫85万円、妻15万円とすると、夫負担額合計が385万円、妻負担額合計が315万円になります。こうすれば家計の支出と貯蓄目標を合計して55：45の負担割合になるというわけです。

1万円単位で厳密にシェアする必要はないと思いますが、ある程度納得感が得られるよう話し合ってみましょう。

共働きが具体的に貯める方法

毎月の天引きがもっとも確実

共働き夫婦は仕事に家事に子育てに忙しい毎日ですから、お金の貯め方は「自動的」に行うことが効率的です。

毎月の家計について現状把握ができていた家庭が、貯蓄目標を設定したとします。貯蓄ノルマについては次の給料振込日まで残しておく必要はないので、給料が入ったらすぐ、自動的に貯蓄のためだけの口座に移してしまうのが確実にそれぞれの貯蓄目標をクリアする方法です。むしろやってはいけないのが、「給料振込日まで貯蓄すべき金額を残して、残額を貯蓄口座に移す」というやり方です。毎月の家計が足りるか不安なのは分かりますが、このやり方ではなぜか貯蓄すべきお金が残りません。「使ってもいいよね」とどうしても心が緩むからです。

具体的には、メインバンクで**「積立定期預金」**を設定するか、会社の**「財形貯蓄」**を行うことで貯金を自動化できます。手続き時に決めなければならないのは「毎月の自動引き落としされる金額」「引き落とし日（給料振込日の翌日を指定するとよい。財形の場合、給与振込時点で自動的に積み立て済みになる）」を指定するだけです。

同じ1万円を貯めるにしても、給料振込日翌日に積み立ててしまうのと、1カ月過ごした後で給料振込日前日に積み立てるのでは、苦痛が違います。1万円を残すように考えながら給料振込日まで過ごすほうが、なぜか気分的にイヤなものです。貯めるべき金額は「先取り」しておき、「この口座の残高は給料振込前日に使い切ってもいい」としたほうがスッキリします。

今までやったことがない人ほど、積立貯蓄はお金を貯めるために効果的であることが分かるはずです。メインバンクであれば、営業時間内に店頭で手続きをすればすぐできます。最近ではオンラインバンキングやATMで設定をできる銀行も増えています。

なお、どうしても家計のやりくりがうまくいかないときは定期預金も財形も解約は可能ですから、無理をせず中途解約してください。借金をしてやりくりをしないようにしましょう（そのほうが金利の分、確実にマイナスになってしまいますから）。

ボーナスから一気に貯めるのも大事な方法

もう1つお金を貯めるエンジンとしたいのは、ボーナスです。共働きが年に2回ダブルでもらえるボーナスは、まとまった収入を得ることで家計に余裕を作れたり、臨時の出費をまかなうための貴重な財源です。旅行の資金や家電の買い換えに有効活用している家庭は多いと思います。

この財源は、資産形成にも有効に活用するべきです。毎月の貯蓄可能額がそれぞれ7000円しかなかったとします。これでは夫婦で月1万4000円ですから、年間16・8万円にしかなりません。しかしボーナスごとにそれぞれ10万円ずつを追加入金すれば、年40万円が上積みされ、年56・8万円まで貯蓄額を引き上げることができます。ボーナスごとに15万円ずつ貯められれば76・8万円まで貯蓄額が引き上がります。

毎月の貯蓄ペースを高めることが大事なことは言うまでもありませんが、共働きをしていてボーナスが2回もらえる場合は、ボーナスも貯蓄のエンジンとして上手に活用してみてください。

ただし近年のボーナスは会社の業績に大きく連動して変動することもあるので、景気が悪くなった時期にボーナスが給与1カ月分も出ない場合もあります。こんなとき、貯蓄ペースが落ちることにならないよう、ボーナス依存を強めすぎないように注意してください。

目標を決めたらお互いの増やし方についてはあまり干渉しないのがコツ

貯蓄の方法については、最終的にそれぞれ自分で決める余地を残しておくほうがいいでしょう。毎月貯めることを優先するのか、ボーナスで貯めるのか、方法は夫婦それぞれで決め、最終的なノルマさえ達成できればいいのです。

共働きの場合、毎月の給料もボーナスもそれぞれ自分名義の口座に入り、「自分が仕事でがんばって自分の報酬としてもらった」お金という感覚があります。厳密には「夫婦が共同して稼いだ」と考えるべきなのですが、どう貯めるかはそれぞれの自由に委ねる余地があってもいいと思います。

例えば、年50万円の貯蓄目標を設定した夫が、

A：月2万円×12＝24万円、ボーナスごと13万円×2＝26万円

と配分するくらいがバランスとしては良さそうですが、

B：月1万円×12＝12万円、ボーナスごと19万円×2＝38万円

と配分し、毎月自由に使えるこづかいの枠を多めに確保する方法でも、

C：月3万円×12＝36万円、ボーナスごと7万円×2＝14万円

と配分し、自由に使えるこづかいの枠をボーナスで多めに確保して大型消費を楽しむ方法でも、最終的な「貯める」が実現できれば**どちらを選択してもいいわけです。**

お互い大人ですから、そのくらいお互いの判断に任せるのが、ちょうどいいのではないでしょうか。途中経過でお互いに口を出すと、けんかのもとになりかねません。

年に一度だけクロスチェックする

貯蓄状況のノーチェックは問題あり

貯蓄目標については共働きの場合、それぞれの名義の口座に入金を続けていくため、お互いに相手の口座残高を把握できないのが通常です。しかし残高把握をしないまま何年も経過してしまうのは、良い状態とはいえません。どうしても貯蓄目標が達成できなかった年があっても、それを相手にカミングアウトできないまま何年もたつと、「本来は100万円残高が増えているはず」の口座にまったく残高が増えていないということもあり得ます。

どうしてもうまく貯められない時期があることは仕方がありません。残業代があまり出ない時期や景気が今ひとつでボーナスが少ない時期もあるからです。白物家電の買い換えなどのタイミングで出費がかさむこともあるでしょう。

ただ、問題の共有がされないまま時間が過ぎて、「貯めていたはずの100万円が今必要になる」ときがやってきたとしたらどうでしょうか。住宅購入の頭金のように、「準備額を減らして購入する」「購入タイミングを少し遅らせる」のような選択肢が取れればけんかだけで済みますが、子どもの入学金や予備校の費用のように「今、払わなければいけないお金の不足」として問題が顕在化すると、さらに話はややこしくなります。

貯蓄状況はときどき共有して、お互いの進捗状況を確認しあうことが大切です。

年に一度はお互いの預金残高を開示しあう

とはいえ、毎月残高を見せ合うのは現実的ではありません。年に一度くらいが適当なタイミングではないでしょうか。**タイミングは年末がベストだと思います。**年末に会社からもらう源泉徴収票で年収がすぐわかります。また、貯蓄額の未達について、冬ボーナスからしっかり貯

郵便はがき

おそれいりますが
63円切手を
お貼りください。

1028641

東京都千代田区平河町2-16-1
平河町森タワー13階

プレジデント社
書籍編集部 行

フリガナ		生年（西暦） 年	
氏　　名		男・女	歳
住　　所	〒 TEL　　（　　）		
メールアドレス			
職業または 学 校 名			

ご記入いただいた個人情報につきましては、アンケート集計、事務連絡や弊社サービスに関するお知らせに利用させていただきます。法令に基づく場合を除き、ご本人の同意を得ることなく他に利用または提供することはありません。個人情報の開示・訂正・削除等についてはお客様相談窓口までお問い合わせください。以上にご同意の上、ご送付ください。
<お客様相談窓口>経営企画本部 TEL03-3237-3731
株式会社プレジデント社　個人情報保護管理者　経営企画本部長

この度はご購読ありがとうございます。アンケートにご協力ください。

本のタイトル

●ご購入のきっかけは何ですか?(○をお付けください。複数回答可)

1 タイトル　2 著者　3 内容・テーマ　4 帯のコピー
5 デザイン　6 人の勧め　7 インターネット
8 新聞・雑誌の広告（紙・誌名　　　　　）
9 新聞・雑誌の書評や記事（紙・誌名　　　　　）
10 その他(　　　　　)

●本書を購入した書店をお教えください。

書店名／　　　　　（所在地　　　　　）

●本書のご感想やご意見をお聞かせください。

●最近面白かった本、あるいは座右の一冊があればお教えください。

●今後お読みになりたいテーマや著者など、自由にお書きください。

どうもありがとうございました。

5-1 共働きの貯蓄シェアをしっかり決める

1. 夫婦がお互いの源泉徴収票を見せ合う
(年収が少ないなどと責め合わないこと)

2. 夫婦がそれぞれの貯蓄状況を確認しあう
(なぜ貯めていないといって責め合わないこと)

3. 翌年の貯蓄目標をそれぞれ決める

A	それぞれ「年収の一定率」とする
B	家計負担を考慮し貯蓄ノルマを調整する

4. 貯め方はそれぞれの責任で実行する

A	毎月自動的に引き落として貯める
B	ボーナスから一気に貯める

5. 毎年末にお互いに確認し合う
(未達であっても責め合わない)

めることである程度カバーできるからです。「あなたはボーナスから使えるおこづかい枠が減るけど、毎月ちゃんと貯めていなかったんだから、しょうがないわね」というわけです（図5-1）。

家計簿アプリを継続して記帳している場合、各種口座と連携する機能を持っているならチェックは簡単です。起動画面から口座ごとの資産総額について表示された画面を見せ合えばそれで終わります。口座が貯蓄専用口座になっているなら、昨年末との残高対比で確認するだけでもっと簡単です。もしそうでないなら、各金融機関のWEBにログインするか、アプリからログインして残高を提示することになります。通帳を記帳しにいってもいいでしょう。

見せ方のルールは夫婦ごとに決めればいいと思います。履歴を残していくかはそれぞれの好みに応じて設定してください。ある夫婦は、簡単なエクセルシートを作って横軸を各年とし、縦軸に夫婦それぞれの「今年の年収」「貯蓄目標額（ないし率）」「昨年末貯蓄額」「今年末貯蓄額」「今年の貯蓄額」「今年の貯蓄率」をそれぞれ一列ずつ記入するような簡単な財産簿を作っています。

投資をしている場合は、口座の内訳を作って「銀行口座残高」「銀行口座への積立額」「証券口座残高」「証券口座への積立額」をさらに分けてもいいでしょう。

なお証券口座やＮＩＳＡ、ｉＤｅＣｏを使っている場合は、それぞれのサービスにログインすることで残高確認ができます（ＮＩＳＡとｉＤｅＣｏについては11章で解説）。

貯蓄目標の達成状況を検証し、翌年の大型出費を見込む

お互いに貯蓄目標を実現できたら、まずは夫婦でお互いにがんばったことを褒め合いたいところです。もし貯蓄目標が実現できていなかった場合は、未達になってしまった理由を説明し、相手の理解を得ます。

年収が昨年より減少した場合、「率」では達成できても「額」では未達になってしまうことがありますが、やむを得ません。一方で年収が大きく変化しなかった場合や増えていた場合、未達は本来おかしいはずで、原因を考えて対策（定期的な積み立ての増額がもっとも強力な対策になる）を立てます。

次に、翌年の年収についての見込みを検討します。年収が増えそうか減りそうか、また変化があまり想定されないのか、それぞれの予想を話し合います。昇給が見込まれる場合は貯蓄目標について額面ベースでは上方修正されることに注意が必要です。また下がる可能性がある場合（例えば産休・育休に入るなど）、それはどのくらいの減少でどのくらいの期間が想定されるのかを考え、「貯蓄はストップするのか」「それ以上に下がるため取り崩しも考える必要がある

のか」など課題を整理します。

翌年に大型出費が見込まれる場合は、そうした出費の時期と金額水準について話し合い、どちらの残高から捻出するのか（あるいは折半するのかなど負担割合）を相談しましょう。

例えば、

- **家賃の更新料**
- **引っ越しの諸費用**
- **住宅購入費用**（頭金および諸費用）
- **子どもの塾や予備校費用**
- **子どもの受験費用、入学金、学費**
- **旅行費用**（時期、場所、予算規模）
- **白物家電買い換え等の費用**
- **冠婚葬祭等費用**　など

以上のような見込めるものはできるだけ見込んでおくと、そのつど焦らずに済みます。大型出費がある場合は、貯蓄目標を維持しても貯蓄残高が減少することになるはずですから、「今300万円ある貯金額に月2・5万円の積み立てをするが翌年に60万円の支出が見込まれるので、年末の残高見込みは270万円くらいに落着すると思う」のような予測の数字があれば、残高が減っても焦らずに貯蓄計画を続けていけます。

4月の年収増やボーナス増は貯蓄額に反映させること

ところで、年末のチェックだけでは反映できない要素を確認しておきましょう。
昇格昇給や年齢給の反映による賃上げなどは、4月（ないし数カ月後）に分かることが多いと思います。これについては月数千円程度であればあまり大勢に影響しませんが、月数万円以上の昇格昇給の場合、貯蓄目標が年数万円の単位でアップすることになります。年収が上がったほうは「昇格昇給のお祝い」をしたあと、昇給分を貯蓄額アップにも反映させておきたいところです。

ボーナスについても最近は変動が大きくなっています。企業の多くは個人の業績だけではなく、チームの成績や会社全体の業績にボーナスを連動させる傾向が強まっていて、景気によってボーナス額が大きく変動することも珍しくありません。

ボーナス依存で年間貯蓄額を実現しようとするのは危険だとすでに説明しましたが、最近の共働き夫婦はボーナスの激しい増減にマネープランが振り回されるようになっています。ボーナスからの支出についてはどうしても必要な範囲にできるだけ抑えて、またボーナスがたくさん出たときは将来ボーナスが減る時期も考えて、がっつりお金を貯めていく意識を持ちたいところです。

特に住宅ローン返済にボーナスも組み入れている場合、「会社が赤字局面のためボーナスは給与1カ月分」などと発表されると、返済すらおぼつかないことになってしまいます。子どもの学費もボーナス依存を強めていると支払いに窮します。ボーナスを活用することは現実的に避けようがないのですが、依存の度合いを強めすぎないようにしておきたいものです。

その他、**転職をした場合も年収の増減が貯蓄目標の増減に直結します**。転職前後の数カ月は貯蓄の余裕もなくいろいろな出費がかさむこともありますが、特に年収増の転職が実現した場合は貯蓄額のアップにもきちんと反映させておくといいでしょう。

Chapter 6

共働きの 転職・キャリア術

Chapter 6 ポイント

1 ダブルインカムの共働きは、転職活動でも有利。より良い条件で働けるチャンスがあれば、夫婦で情報を連携しながら「共働きポートフォリオ」を意識して挑戦しよう。

2 共働きの転職は「ときどき」「順番に」「堂々と、コソコソと」働きながら行うのがコツ。なお妊活中や育休中は、夫婦ともに転職活動をしないほうがいい。

3 キャリアアップの可能性、育休後の復職状況、勤務地のロケーションなど、年収の他にもチェックすべき転職条件があるので押さえておこう。

共働きの転職・キャリアアップは戦略的に行いたい

余裕があるときのほうが転職活動の余地がある

共働きは、夫婦二人とも仕事があるわけですから、無職やパートの立場である場合に比べ、就職活動の必然性が高くありません。合計所得がある程度あれば、年収をさらに増やそうとあくせくしなくてもいいと考えがちです。しかし**共働きこそ、より安定的で多い収入を得るチャンスや、効率的な働き方を考えて、転職活動を行ったほうがいいかもしれません**。転職活動は今のキャリアやライフプランに余裕があるときに進めるほうが、ぐっと楽だからです。

まず、「より有利な条件が見つかるまで今の会社のままでいる」という選択肢を持てるだけで、転職活動の余裕はまったく違います。今の会社が倒産間近であるとか、雇用保険の求職者給付（いわゆる失業給付）があと10日で切れる！と焦りながら行う転職活動は、納得いかない条件の内定をのまざるを得ませんが、働きながらであれば納得いくまで転職活動が続けられます。

「ライフプランに余裕がある時期を選べる」という面でも共働きの転職活動は有利です。例えば妊活を行う時期に女性が転職活動を行うと、メンタル的に辛いのであれば避ければいいのです。転職後すぐに産休・育休となるのも（悪いことではないのですが）おそらく少し気まずいでしょう。子どもが受験の年に、ぴりぴりしたムードの中、転職活動でさらに緊張した日々を送ることもできるなら避けたほうがいいはずです。

失職やキャリアの中断が誰にでも起こり得る時代、共働きは大きな強み

これからの時代、共働きの最大の強みはダブルインカムで合計所得を高められるだけではありません。むしろ片翼飛行であってもフライトを続けられることのほうに、強みがあると思います。

景気が上向きになったとはいえ、勤務先企業がいきなり倒産になり不意の失職に陥ることは皆無ではありません。このとき「夫婦の合計所得がいきなりゼロになる」のと「合計所得でい

えば40％は引き続き得られる」というのでは、家計のリスクは大違いです。

倒産でなくても勤務先企業の業績の低迷があれば、どんなに働き盛りであろうと年収が下がったり、ボーナスがほぼゼロになったり、定期昇給が据え置かれたりします。会社がその後持ち直しても、働き盛りの時期を10年くらい低賃金で過ごした分を会社が補填してくれることはありません。ボーナスを含めて年50万～１００万円損したとすれば、10年で５００万～１０００万円を取りっぱぐれたということです。

こういうときでもうまく転職ができれば、能力を発揮してそれに見合った年収を得ることができないます。30歳代から40歳代にかけて「稼げない10年」は避けたいものです。

また、キャリアを大きく見直す必要があったとしても、そのためのリカバリー期間を取ることができます。仕事を完全に辞めて、社会人大学院のようなところでゼロから学び直すと、シングルインカムでは無収入になってしまいますが、ダブルインカムであればチャレンジしやすいでしょう。資格試験の勉強をして次の転職を有利にする努力なども、共働き中であれば行いやすいはずです。

人生１００年時代になり、現役時代が40年から50年以上に伸張していくとき、１つの会社、１つのビジネススキルだけで世の中を渡っていくには長すぎる時代が来ています。キャリアの見直しや転職は欠かせないものとなっていくでしょう。その点で共働きは強みになるのです。

共働きをより最適化、効率化する発想で転職活動をしてみよう

共働きの転職活動は、夫婦それぞれがやみくもに行うべきではありません。むしろ夫婦で情報連携をしつつ、より効率的な共働きを実現するために行うのが、共働きの転職活動のポイントです。転職活動については、夫婦のあいだで隠し事にするべきものではありません。夫婦それぞれが1つの会社で、家族という1つのグループ会社に勤めていると考えてみるといいでしょう。

具体的には、これから述べる**「共働きポートフォリオ」**を意識してください。共働きの二人の働き方、職種や業種などを意識した転職活動を行うことで、さらに余裕と安心のある共働きに進化させることができるのです。

「共働きポートフォリオ」を意識してみよう

共働きを「1つのポートフォリオ」として考えてみる

資産運用では「ポートフォリオ」という言葉をよく使います。元の意味は「紙挟み（ファイリング用）」の意味ですが、いろいろな株式会社の株をひとまとめにして効率的に運用・管理を行うことを示しています。

ポートフォリオをいかに効率的なものとするかは、ファンドマネージャーの手腕が問われるところです。世間的な評価はまだ遅れているものの、実は優れたビジネスモデルを持つ会社を投資対象に選択したり、実力以上に株価が高まっている企業の株を売却して手放したり、ポートフォリオを工夫しながら、リターンの追求とリスクの管理を行っていきます。

これと似たように、夫婦を「2つの会社」と考え、その組み合わせを最適化する「ポートフォリオ」の意識を持つと、バラバラに転職活動したり、失職の危険にさらされたとき焦らずにすむでしょう。「夫の仕事」と「妻の仕事」をどう組み合わせていくか考えることで、より効率的な働き方になったり、よりリスクに抵抗力のある働き方にしていくことができるわけです。

ここでは「共働きの転職術」の中核となるポートフォリオについて考えてみます（図6－1）。

6-1 共働き夫婦のポートフォリオ

○な共働きの組み合わせ

- **違う業種で共働き**
  どちらかの会社の業績悪化時に年収減があっても、夫婦として乗り切れる
- **男性がフリー 女性は正社員**
  男性の独立は保活に中立的。男性フリーは、正社員よりは家事育児に参加しやすい

×な共働きの組み合わせ

- **同じ会社、同じ業種で共働き**
  勤務先や業界が傾いたとき夫婦共倒れで年収が下がる。リスクに抵抗力がない
- **女性がフリー 男性が正社員**
  フリーランスには育休中の給付がないうえ、保活で正社員育休に条件で負ける
- **夫婦でお店を独立開業**
  夫唱婦随というと聞こえはいいが、閉店の憂き目にあうと家計は共倒れになる

ポートフォリオ1 「同じ会社」「同じ業界」には勤めない

〜職場結婚なら片方は転職をしたほうがいい「21世紀的理由」

職場結婚したとき、かつては結婚の際にどちらかが退職（こういう場合、女性を意味している）することが慣例でしたが、そういう古い慣習が残る会社は今は減っているようです。

しかし「共働きポートフォリオ」を考える場合、同じ職場で二人が働き続けることはおすすめしません。理由はシンプルです。**「同じ会社」「同じ業界」に夫婦が勤めてはいけない、というのが共働きポートフォリオ効率化のルール**だからです。

夫婦が同じ会社に勤めるというのは、実は大きなリスクがあります。資産運用では1つの銘柄に集中するとリスクがあるといいます。その銘柄の株価が下がったとき資産全体も大きく値下がりしてしまうからです。もし別の会社にも投資をしておけば、リスクを抑えることができます。

投資で言うところの分散投資は「共働きポートフォリオ」においても意識するべきで、違う会社に勤めるだけで「夫婦二人ともボーナスゼロ」や「夫婦二人とも給料ダウン」のようなリスクを回避することができます。

しかし**別の会社に勤めたとしても「同じ業界」だと業界の景気動向の影響は強いので、共倒れリスクは完全には避けられません**。例えば同一業種でライバル関係にあるA社とB社に夫婦が勤めていれば、業界全体が縮小し始めたときに夫婦ともボーナスが下がる可能性があります。できれば「違う業界」で夫婦は勤めたほうがいいでしょう。

頭に置いておくと良いのは「違う業界でも同じ〝職種〟で働くという選択肢はあり得る」ということです。職場結婚の夫婦が二人とも営業であるとか経理であるという場合、「営業」「経理」というキーワードで転職活動をすれば、他業種にもチャンスが見いだせます。

仕事をしていると、同じ業種でないと転職する余地がないように思ってしまうのですが、そのようなことはありません。例えば食品会社の広報にいた社員なら、「広報」というスキルを武器にすれば、流通企業でもＩＴ企業でもどんな業種でも「広報」の仕事ができるでしょう。

転職活動で自分の強みをＰＲするときにも、「職種」のほうが実は大事だったりするものです。

ポートフォリオ2

独立開業をするなら、男性が単独で行うほうがいい
～「夫婦一緒にお店を独立開業」がなぜよくないのか？

次のルールは、「独立は男性が一人で行う」というものです。少なくとも女性は子育てが終わるまで正社員のままでいたほうがいいからです。

絶対に行うべきでないのは、男性が独立開業をするにあたって、女性も一緒に会社を辞めることです。カフェやレストラン、ラーメン屋さんを起業するエピソードでは「夫婦が協力してお店を盛り上げた」という美談とされがちですが、これは成功したから言えることです。

経営がすぐに軌道に乗ればいいですが、なかなか繁盛せず閉店せざるを得なかった場合、夫婦共倒れのリスクに見舞われます。飲食店は、開店から1年もせずに3店に1店が閉店するとも言われますので、借金を残して夫婦ともに無収入の状態を作るほど危険なことはありません。

会社を辞めて個人オフィスを作ったり、フリーランスとなって仕事を取るようにする「独立」でも同様で、収入の不安定性を夫婦がダブルで背負い込む必要はないはずです。夫が独立した際、妻に事務や経理をしてもらう話をときどき聞きますが、事務や経理はクラウドサービスで処理し、女性は正社員のままで年収をキープしたほうが、夫婦の合計収入は安定します。

男性の独立開業は、子育ての面で有利に働くことがあります。正社員よりもフリーランスや小規模オフィスの社長のほうが、比較的時間を自由に調整する余地があるからです。正社員の場合、「保育園に子どもを毎朝連れて行くので9時半出社を認めてほしい」というと、時短勤務は認めてもらえても、「月収もその分減る」ことになります。

9時～5時勤務（休憩を除いて7時間）を、9時半～5時にした場合、時短勤務に比例して1／14基本給がダウンすることになります。30分出社が遅れた分がんばって、1日の仕事量は変わらずこなしても下がります。これは給与の計算が「労働時間」に支配されているから起きる現象です。

しかし、個人事業主やフリーランスであればアウトプットで収入が決まりますし、いつ働くかは自分で調整ができます。「妻は9時出社」「フリーランスの夫は子どもを通園させてから9時半に仕事開始」としても収入に変化が出なくて済むわけです。「子どもが寝たあと残った仕事を少々こなす」とか「今日は余裕があるので4時半で仕事を切り上げ、熱が出た子どもを病院に連れて行く」といった時間の自由度もフリーランスのほうが容易です。

イクメンは自営業のほうが向いているのかもしれません。「独立するなら夫、妻は正社員のまま」のほうが、共働きポートフォリオとしてはリスクヘッジになるわけです。

ポートフォリオ3　女性は子育てプランと転職プランをセットで考える

共働きであれば、独立開業するのは男性のほうがいいという話をしました。言い換えると、女性のキャリアプランを共働き目線でどう考えるべきかのポイントも見えてきたと思います。女性が正社員であることのメリットを、子育てを中心にチェックしてみましょう。

メリット1　産休・育休から同じ会社に復職する権利がある

産休の取得や育休の取得は法に定められた労働者の権利であって、会社はこれを理由に退職をさせたり、人事評価を下げたり、復職を拒むことはできません。これは絶対に利用したい条件です（フリーランスや自営業者は、子育てが落ち着いたから仕事に戻ると宣言しても、クライアントから仕事が来ないこともあります。また一度退職して子育てをしたあと、再就職したくても正社員のポストがすぐに見つからない可能性もあります）。

メリット2　正社員の育休には雇用保険から給付金が出る

育休は最大で子どもが2歳になるまで取得し続けられますが、この間は育児休業給付金をもらうことができます。最初の半年は休む前の給与の3分の2を、それ以降は50％を受け取れるので、子育て家計の大きな助けとなります。雇用保険の給付制度であるという仕組み上、経営者や自営業者、フリーランスはもらえませんので、女性は会社員として子育てをすることがカギです（なお、育児休業開始前の2年間で雇用保険に加入して12カ月に満たない場合、給付金の対象とならない可能性があるので、再就職すぐの妊娠・出産には注意が必要です）。

メリット3　育休復帰を目指す保育園申し込みは正社員のほうが有利

「保活」という言葉があるほど、保育園の入園申し込みは、特に0歳児について激戦区といわれています。公立の保育園だと、たった数ポイントの差で「ほとんど入園は見込めない」となる可能性がありますが、「育休中で復職の予定がある」のと「自営業者で保育園に入れてから仕事を再開予定である」というのは天地の違いがあります（今後改正が予定されているものの、フリーランスの場合、「保育園に入ったら仕事を再開します」は、会社員の復職予定よりポイントが低くなってしまうことが多いようです）。

メリット4　産休・育休期間中は保険料を払わなくても年金加入していたことになる

正社員で産休・育休期間中の女性については、産休開始前の給与水準をベースに、厚生年金保険料（国民年金保険料を含む）を納めたものとして扱われます（3章参照）。女性がフリーランスで、育休で仕事を休んでいる場合、夫が会社員であれば国民年金保険料を納めなくても国民年金の権利を得られます。一方、夫婦ともにフリーランスや自営業の場合は、育休であろうと国民年金保険料を納める必要があります（2019年度より、産休期間は国民年金保険料が免除される予定です）。

育休から復職後の働きやすさも会社選びの重要ポイント

いずれの条件も、「共働きを継続するつもりで育休を取得するか」「子の出産を機に退職するか」で子育ての条件が大きく変わってきます。そして育休取得のほうが断然有利です。

本来であれば、一時的に会社を辞めて子育てに専念し、数年後にまた正社員として再びスタートする選択肢もあっていいと思います。しかし今は子育てと女性の働き方に社会が適応しつつある過渡期であり、正社員で居続けるほうが仕組みとしてはやりやすいのです。その意味では、女性の転職は、子育てや妊活とのバランスを考えながら行う必要があります。

妊娠と子育てを考えるのであれば、子育て期間中に転職をするのは大変なので、女性は今の会社で働き続けることを前提に妊活に入ったほうがいいでしょう。ただし育休から復職した女性が周囲にいない会社、復職後の女性が冷遇されている会社なら妊活前に早めの転職を考えておくのもアリです。もちろん、妊娠するタイミングに言及するブラック企業はさっさと飛び出してください。

転職活動も共働きなら効率化できる

共働きの転職は「ときどき」「順番に」行う

キャリアプランを考えるときに、転職を抜きに語ることはできません。

すでに働いている会社員にとって、転職活動は「ときどき」行えばいいものです。会社の業績が下がっているとか倒産の可能性が出てきた場合でなければ、年に1回くらい集中的にチャレンジして、いい案件がなければしばらくクールダウン期間を置くぐらいがちょうどいいのではないでしょうか。決算や大型案件の納品後など、仕事で余裕が出たときに転職活動してみましょう。

そして、夫婦での転職活動は「同時」より「順番に」のほうが効率的です。転職活動時はストレスがたまりますから、二人とも同時に転職活動をしてフラストレーションを抱えて夫婦げんかをする必要はないのです。どちらかの勤務先が業績としては下り坂というなら、夫婦の片方だけが集中的に転職活動をするという選択肢もあるでしょう。

「堂々と、コソコソと」働きながら転職活動する

共働きの転職活動は、より有利な条件を目指して行えばよいのであって、今の勤務先を辞めてからタイムリミットを抱えて職を探す必要はありません。

つまり共働きの転職活動の基本は、今の勤務先で働きながら、何食わぬ顔をして違う会社の好条件を探すことになります。私はこういう転職活動を「堂々と、コソコソと」やると表現しています。

今の会社に後ろめたいと感じる必要はありません。より好条件の案件があるということは、今の会社は同じ能力のあなたを安くこき使っているということです。後ろめたいことではなく、正当な対価を得られるチャンスが転職活動により見いだせると考えればいいのです。その点では「堂々と」転職活動をしてください。有休を取って（取れないなら仮病で休んで）面接を受けてもOKです。

しかし「コソコソと」やるのは転職活動というゲームの基本ルールです。今の会社にわざわざ転職活動を行っていることを宣言して何も有利なことはありません。むしろ人事評価ではマイナスになる可能性のほうが高いでしょう。基本的には転職活動の事実は「黙秘」します。

社内の友人にも転職活動を行っていると言うのは控えておいたほうが賢明です。SNSからうっかり社内に情報が漏出する危険もあります。自分で転職のことを書き込みするのがNGなのはもちろん、社外の友人に転職希望を告げるときもリアルで会っているときに制限するといいでしょう。

女性が妊活中、育休中はあえて動かないのも選択肢

男女ともに、女性の妊活中、育休中は「あえて動かない」というのも選択肢です。

制度として問題がないとしても、転職先で1年を待たずに産休・育休となることはあまり得策とはいえません。また、失業手当（雇用保険の求職者給付）をもらってからの再就職、前職の離職から1年以上空けたあとの再就職の場合、12カ月を待たずに産休・育休に入ると育児休業給付金が支給されないという危険性もあります。この点でも、妊活中の女性の転職活動は、やむを得ない場合を除いて控えておいたほうが得策です。一般に妊活にはストレスは敵ですから、無理に転職活動しないほうがいいでしょう（今の会社のほうがよほどストレスフルな環境なら別ですが）。

男性の場合も、妊娠中の妻の不安定な状況をサポートしたり、子どもが生まれた最初の1年

6-2 共働き夫婦の転職活動のコツ

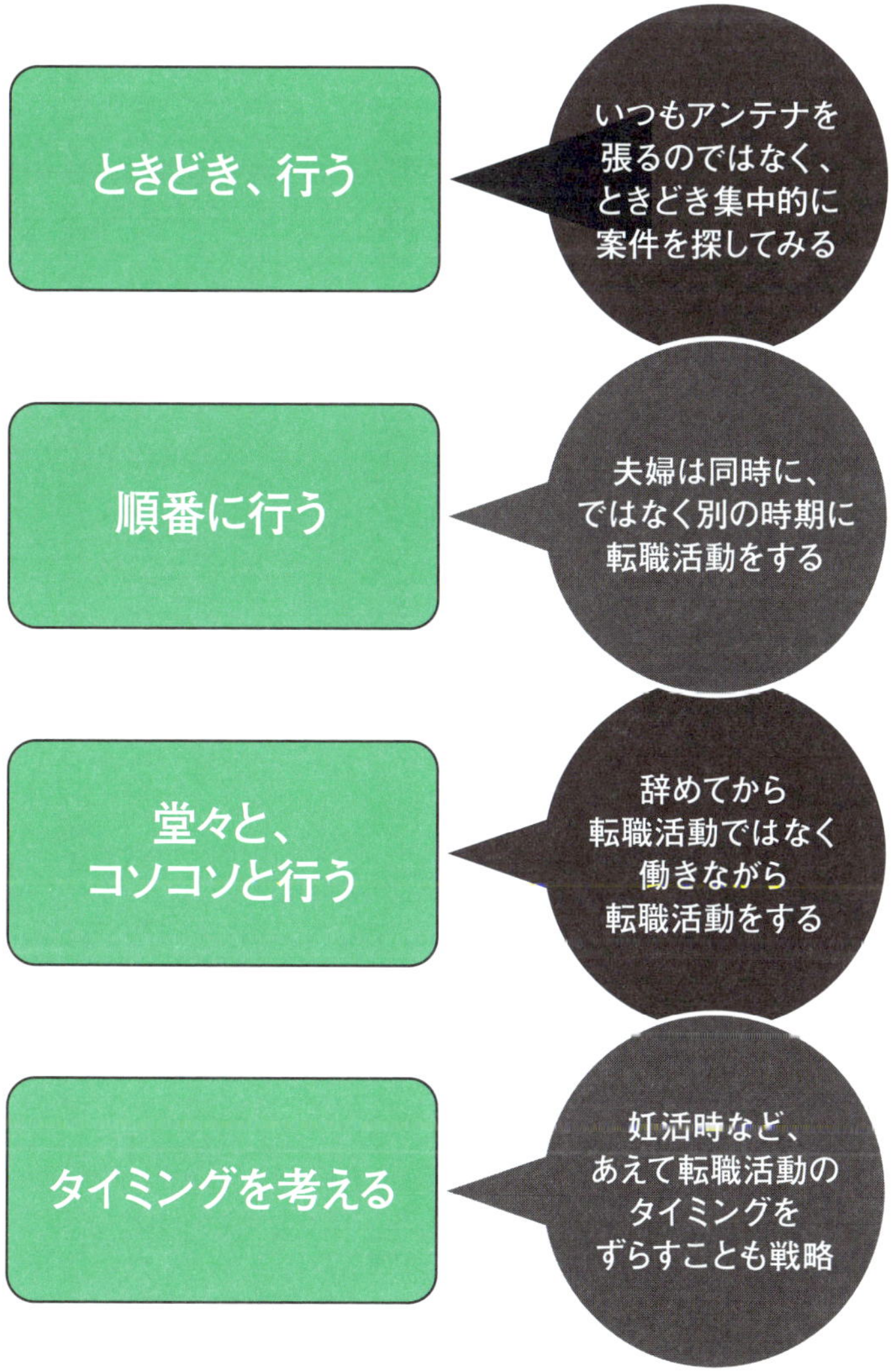

間の家事育児を担当したり、妻の復職すぐに妻の仕事と子育ての両立負担を軽減するなどの必要があり、この時期に転職をしてストレスを抱え込むことはあまり得策ではありません。男性の育休取得も、長年勤めていて勝手知ったるオフィスで取得するほうがいいでしょう（イクメンにがんばるあなたへのハラスメントが顕在化したら転職活動に値するかもしれませんが）。妊活から子どもが乳幼児の間の数年間は、緊急性が高い場合を除いて転職を数年見送るのも戦略の1つだと思います（図6-2）。

転職候補企業ではここをチェックする

共働き夫婦の転職活動最大の強みは「好条件を選ぶ余地のあること」ですが、具体的にチェックしておきたい条件について、最後にいくつかアドバイスさせてください。

チェックポイント1　年収および今後のキャリアアップの可能性

転職前後の年収の増減はもちろんチェックするべきですが、一時的な年収ダウンは中長期的にプラスであれば一考の余地があります。共働きであれば乗り越えられることでもありますので、今のまま働いていても伸びしろがない会社から見切りをつける場合には（あるいはストレスフルな環境を変えるには）、一時的な年収ダウンの条件も選択肢として考慮に入れます。もちろん夫婦で話し合い、家計を見直すなどで乗り越えていきましょう。

チェックポイント2　妊活前なら福利厚生や育休後の復職状況など

妊活前の転職であれば、女性の育休取得状況や復職後の職場環境などについて、面接で質問をしておいてもいいでしょう。また、子育て中には、看護休暇（子どもの病気のときの休暇取得）や代休取得の余地などが問題になりますので、面接で悪印象を与えない程度にうまく質問をしたいところです。テレワーク（自宅勤務）も子育てと仕事の両立に大きな武器となる可能性があります。男性の育休や時短取得できる会社かも探ってみましょう。

チェックポイント3　勤務地のロケーション

転職活動を行うとき、勤務地の変動については考慮すべき大きな要素です。可能であれば自宅から遠ざかる条件より、近づく条件を設定しましょう。特に子育て中であれば、夫婦どちらかは通勤時間が1時間を超えずに働きたいものです。災害時に、歩いて学校へ引き取りに行ける場所にどちらかの勤務地があれば理想的です。

賃貸であれば転職時にセットで引っ越すことも可能ですが、持ち家を取得済みでローン返済中である場合はなかなか住居地の変更というわけにもいきません。賃金その他だけでなく、好条件に加えて勤務地でも好条件を探すのはなかなか大変ですが、粘り強く転職情報を探し続けてみましょう。

休職や失職、キャリアチェンジにも強い「共働きポートフォリオ」を作ろう

共働きはキャリアアップに役立つだけではなく、パートナーの病気やケガなどの休職、不意の失職などを乗り越える力でもあります。またお互いが交互にキャリアチェンジを図ったり、斜陽化した業種から抜け出すことも可能にします。

共働きポートフォリオは、共働きの力をさらに強化する組み合わせの最適化戦略です。これは専業主婦が家事を100%、会社員である夫が仕事を100%行う家庭内役割分担よりもよほど強力な組み合わせだと思います。

転職を伴うポートフォリオの見直しは、1日で完成するわけではありません。数年くらいかけてポートフォリオを変更していくくらいで考えていくといいでしょう。

Chapter 7

共働きの家事育児術

Chapter 7 ポイント

1 家事も育児も女性がすべきという考え方は、実は100年程前にできた新しい概念。男女とも働くことが当たり前になっている今は、まずこの固定概念を捨てなければならない。

2 共働き夫婦にとっては、週末だけでなく、平日の家事育児の分担を考えることが大事なポイント。妻は平日も休日も家事育児に追われている。

3 家事育児シェアの分担比率は、それぞれの年収比率に応じて考えてみるといい。妻のその後のキャリアにも影響するので、子どもの誕生前から夫婦できちんと話し合っておこう。

共働きの家事育児は男性の問題である

共働きをするなら家事育児もシェアするのは当然

共働きで子育てする夫婦では、子育てと家事の問題について一般的に妻の不満のほうが多いとされます。夫が家事をしてくれない、夫が育児に参加してくれないという声はネットでも多く見つけられます。

そもそも「参加」というのがおかしな表現です。日常生活を営むのも、子どもを育てるのも、夫婦二人の責任であるにもかかわらず、家事や育児をこなすのはもっぱら女性の担当とされていて、ときどき受け持つのが男性だからこそ、「参加」という言葉が使われているわけです。

男性が家事や育児を行うものではない、という考え方は伝統ではなく、ほんの100年くらいからのことです。特に首都圏において、関東大震災ののち「職住」が離れる現象が起きました。住宅地が郊外に移り職場と離れたため、電車で通勤し丸の内や新橋のビルで働くようなワークスタイルが始まり、会社員という勤務形態が普及し始めました。これだけ職住が離れると「もっぱら働く人」と「もっぱら家事育児を担当する人」を役割分担させるしかなくなります。専業主婦の誕生です。

実は江戸時代より以前、男性が育児をすることは珍しくありませんでした。明治初期に国内を旅行し多くの記録を残したイザベラ・バードの紀行文には、子どもの育児に時間を割き、子どもの自慢話に余念のない日本人男性のことがイギリス人の目から驚きとして書かれています。

今また時代は変わっています。**男性も女性も会社員として働くことが当たり前になった時代に、「女性だけが家事と育児を担当する」という固定観念は（特に男性こそ）捨てなければいけません。**

そして、それなりに担当しているつもりになっている男性も、けっこう担当してもらっていると思っている女性も、「今よりももっと男性が家事育児を担当する」ことを考えるべきだと思います。実際にはほとんどの家庭で、男性の家事育児の参加が足りていないからです。

男性の家事育児は「週末だけ遊ぶ」「週末だけ家事」ではダメ

男女の家事育児時間には大きな隔たりがあります。内閣府の資料によれば、**6歳未満の子ど**

もを持つ男性の平均家事育児時間（1日あたり）は1時間7分のところ、女性の平均時間は7時間41分です。女性のほうが長いのはアメリカやイギリス、フランスなどでも見られる傾向ですが、比率はおおむね1：2となっています。日本の場合、1：7ですから極端です。

もし男性が平均2時間半から3時間家事や育児を担当するようになれば、その分女性の負担時間が減り、諸外国と近い数字になるはずです。

なお、「家事育児時間」は平日に増やすことを考えなくてはなりません。男性の育児参加や家事参加というと週末をイメージしがちですが、夫が週末に家事育児をしても、実は妻の負担は減りません。末子未就学児のある家庭の家事育児時間を調べた家計経済研究所の調査では、時間配分はこれくらいの差が出ています。

平日の家事育児時間↓　妻538分、夫56分

週末の家事育児時間↓　妻588分、夫285分

「平日は子どものことを見てやれないから、週末は遊んであげよう。妻も喜んでくれるはずだ」「平日は家事をやる暇もないから週末の洗濯は自分がやってあげよう」と夫は思っているのでしょうが、実はそのバックグラウンドで妻も家事をしているので「負担の肩代わり」ではないのです。平日と週末の数字が逆転しているのなら分かりますが、そうではありません。週末もやはり夫より妻が家事育児をしているのが現実です。

妻が普通に働く会社員であれば、週末が休みなのは夫と同じです。週末に家事ではなく子どもと遊ぶ時間が欲しいでしょうし、休息も取りたいでしょう。しかし妻は平日も休日も家事育児に追われているのです。共働きの夫は、週末はもちろん平日も家事育児負担を増やすべきなのです。


また実際のところ、平日に少しずつ毎日、家事育児を行ってくれるほうが、妻にとってありがたかったりもします。平日に家事育児のすべてを担当することはキツいことだからです。女性の年収が男性に比べて少ない理由の一因として労働時間の短さがありますが、さらにその理由を求めるなら、平日に家事育児をほとんどすべて行わなければならないことにあります。

朝、子どもを保育園に連れて行くために妻が出勤時間を9時半にすれば、9時出社の会社の場合だと30分ぶんの給料が減ります。保育園のお迎えや夕食の準備があるので妻が4時半で上がれば、5時半退社の会社ならさらに1時間ぶんの給料が減ります。ときどき残業があればその分残業代がつくかもしれませんが、それもできません。

「平日の家事育児」のあり方を考えることが、共働きの家事育児のポイントであり、世帯の合計年収を増やすマネープランのポイントでもあるわけです。

夫が週イチで外で飲むなら、妻も週イチで遊んでもいいはず

ところで、妻の平日の家事育児時間が長いというのは、平日の自由時間を拘束しているということでもあります。一方、週イチで同僚と飲んで帰ってくる夫は少なくないと思います。帰宅時間が遅いことを理由に夕食を外で好きにとって帰ってくる夫は多いと思いますが、共働きなのにもかかわらず、妻には週イチで外食する自由がないとしたら不公平ではないでしょうか。家事育児を夫婦が協同して取り組むのだとしたら、男性の飲み会の回数と同じくらい女性にも外食する資格があるはずです。

先ほどの調査でも夫の教養趣味時間は平日107分、週末393分あるところ、妻の時間は平日98分、週末204分となっていて、ずいぶん開きがあります。明らかに女性にしわ寄せが来ています。家事育児時間のぶん、自分の時間が減らされているわけです。

平日の家事育児の分担は、お互いのリフレッシュのためにも欠かせないのです。

夫の家事育児シェア状況を「見える化」してみよう

現状の家事育児について、共働き夫婦はスコアをつけて分担比率を「見える化」してみまし

ょう。例えば週刊誌ＡＥＲＡではワンオペ問題を取り上げる中で「共働きの家事育児１００タスク表」というものを紹介し、家事育児の１００のキーワードを夫婦のどちらが主担当か（あるいは半々か）、マスを埋めることで可視化する提案をしています。

仕事の場で「見える化」は課題認識ツールとして活用されていますが、これは家事育児問題の課題整理にも有効です。可視化すると、思った以上に妻が一人で抱え込んでいることを夫婦双方が認識でき、改善の糸口になることが多いからです（図7‐1）。

夫の家事育児シェアを決める簡単な計算式

さて、夫婦の家事育児シェアを考えるとき、どれくらいの分担比率が適当でしょうか。最終的には夫婦で話し合って決めればいいのですが、基本的な考え方は「半々」です。しかし労働時間が長いほうにとって、家事育児を半々にすることは難しくなります。自宅の滞在時間が短いのだから当然といえば当然です。

そこで、**目安として考えたいのが年収比です**。理屈でいえば労働時間が長いほうが年収も高くなるはずですから、夫と妻の年収の比率を考え、それを逆転した割合がそれぞれの家事分担割合と仮に決定するのです。

例えば夫の年収が550万円、妻が450万円の場合、夫の家事育児シェアは45%、妻の家事育児シェアは55%となります（図7－2）。たいていの男性は45%も家事育児をしていませんから、もっと男性に家事育児をやってもらうための切り口になります。

夫婦の年収差がほとんどなければ、家事育児シェア割合はほとんど50%に近づきます。年収差がないならなおさら、男性は家事育児を今よりしなければならないということになります。

男性にとって「俺は年収が多いのだから、家事や育児を担当する割合が少なくても当然だ」という感覚は根強いのですが、どちらも正社員で働いている場合は、夫婦の年収差は実はそれほど大きくありません。その思い込みはあまり根拠のないものだったというわけです。

ところで、**この計算式で家事育児シェアを検討するとき、産休中や復職間もないことで年収が下がっている場合、妻の年収については産休に入る前の年収額で判定するようにしましょう**。そうでないと、妻の負担が重くなってしまいます。育休中はそれでもいいのですが、復職後は高い家事育児シェアが負担となり、仕事の時間を多くすることができません。結果として妻は元の年収に戻りにくくなり、シェアも改善できず、夫婦として考えれば合計年収が高まらないということになります。

ほとんどママが担当

家事育児シェア「見える化」パーツ

（　　　　ちゃん）	（　　　　ちゃん）
朝ご飯作る	朝ご飯作る
朝ご飯食べさせる	朝ご飯食べさせる
歯磨き・トイレ	歯磨き・トイレ
朝着替え	朝着替え
保育園通園	保育園通園
保育園お迎え	保育園お迎え
宿題の相手	宿題の相手
習い事送迎	習い事送迎
子どもの遊び相手	子どもの遊び相手
夕ご飯作る	夕ご飯作る
夕ご飯食べさせる	夕ご飯食べさせる
歯磨き・トイレ	歯磨き・トイレ
お風呂入れ	お風呂入れ
風呂上がり（乾かし着替え）	風呂上がり（乾かし着替え）
寝付かせ	寝付かせ
授乳	授乳
離乳食の下ごしらえ	離乳食の下ごしらえ

（家事）	
朝ご飯の皿洗い	ゴミまとめる
お風呂準備	ゴミ捨て
洗濯（回して干す）	病気のとき通院
洗濯（たたむ）	学校行事参加
お風呂洗い	風呂掃除
夕ご飯の皿洗い	トイレ掃除
買い物	ベッドメイク
部屋の掃除	散らかった床の片付け

※家庭ごとの実態に応じてパーツを追加してよい。

7-1 家事育児シェア状況を「見える化」してみよう

ほとんどパパが担当	半々（シェアできている）

7-2 共働きの家事育児のシェアは「年収化」で考える

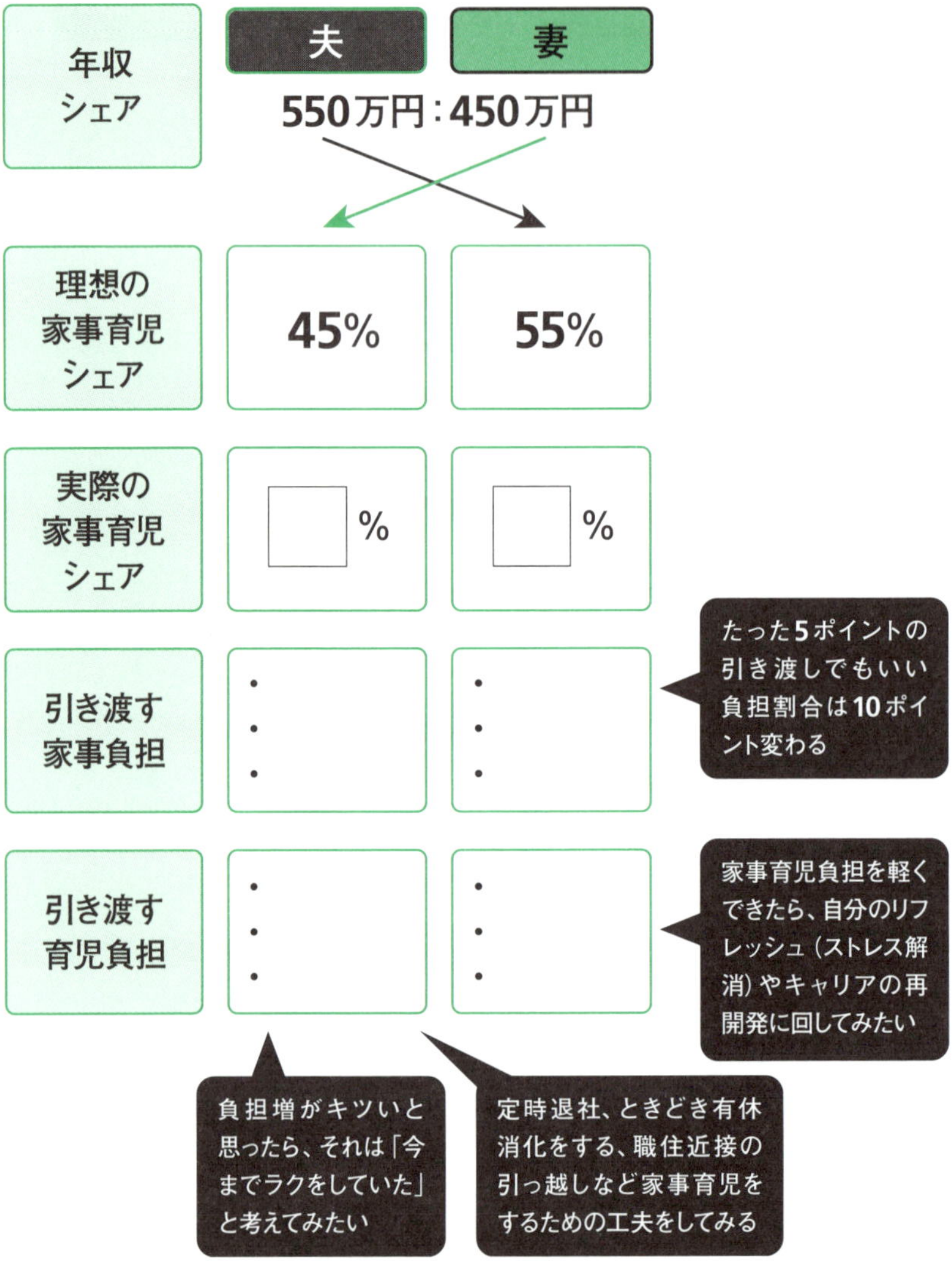

出産直後より妻の育休明けこそイクメンになると夫婦の合計年収が増える

女性の年収を増やすために男性の家事育児参加を意識する

すでに共働きしている夫婦に子どもが誕生したとき、マネープランは決して楽ではありません。今まで夫婦だけでやりくりしていた支出枠に子育てのための支出が上乗せされますから、支出増です。実際には自分たちの支出を削るなどして、やりくりを考えることになります。

産休・育休期間中は、産休に入る前の給与水準の3分の2がもらえます（育休開始後半年を経過したあとは2分の1に下がる）。0歳児の子育てはほとんど24時間営業なので楽ではありませんが、少なくとも会社に行かずに収入は確保できる安心感はありますし、家事を器用にこなせる妻の場合、共働きの時期よりも妻に家事をしてもらえたりします。

ところが、ここで妻に甘えてしまうのは夫の大きな間違いです。**むしろ産休・育休期間中から家事育児の分担を夫が真剣に考えておかないと、その後の妻のキャリアビジョンも描けなくなります。**

実際にある例ですが、子どもが無事誕生し、保育園もなんとか決まったので妻が復職したものの、子どもの迎えや風邪などで半休取得が多くなり、フルタイム勤務ができないだけでなく残業代はゼロ、年収はいつまでたっても妊娠前の水準に戻らないというケースがあります。

子どもが生まれる前は夫婦ともに550万円ほど稼いでおり、合計所得の1100万円を生活水準の基盤においていたのに、妻の年収がなかなか400万円台後半に戻ってこられず、子育ての出費もかさんで苦しい家計が続くことになります。

しかし妻をただ責めて、年収を戻せといっても無理なことです。必要なのは夫側の意識改革であり、家事育児の受け持ちです。それによって初めて、妻の年収をもう一度高める可能性が高まるというわけです。

出産直前直後の男性の家事育児参加から始まる

家事についていえば、子どもの誕生前から、共働き夫婦は納得のいくシェアを考えておくべきです。少なくとも年収比で、男性も4割くらいは家事を担当した状態から子育てをスタートし、家事育児シェアについて考えられるほうが夫婦にとってもいいでしょう。妻は乳幼児を抱えながら家事のノウハウを教えるのは負担ですし、夫もいきなりやることが山積みになってパンクします。

子どもが生まれるということは、少なくとも未就学児である間は「起きている時間はすべて子の動きを把握していなければならない」というようなものです。また0歳児からオムツが外れるくらいまでの間は、子の生活のほとんどすべての面倒を親がみなければなりません。

妻は基本的にやらない、できないという選択肢がありません。育休で仕事も休んでいますし社会的に女性が育児をできない、ということはほぼNGだからです。だとすれば子育てのカギは男性側にあるといえます。

妻が風邪で倒れた場合、夫は下手でもいいので家事と育児をすべて担当できるくらいにはしておかなければいけません。妻がインフルエンザになったとき、子どものオムツ交換やシーツ交換、洗濯はできない、などと言ってはいられないからです。

夫はまず、子どもが1歳になるまでは、可能な限り早く帰って妻の子育てをフォローする時間としましょう。家事や育児は担当する時間が増えるほどスキルも上昇します。スキルがあれば、妻の復職時のトラブルも軽減され、妻の年収が回復する助けにもなります（子育て経験としても、0歳児の子どもと過ごす時間を男性も多めに取っておくべきだと思います。実は二度とない貴重な時間だからです）。

復職直後が男性の甲斐性の見せどころ

次に夫が意識するのは、「妻の復職直後」です。**妻の復職は世帯年収が回復し始めるスタートラインですが、家事育児の観点ではむしろ本格的に苦労がスタートするタイミング**でしょう。

というのは、保育園入園までは妻が自宅にずっといますので育児はもちろん家事の相応の部分も担当してくれています。妻の要領がいい場合、むしろ共働きをしていたときより家事をしてくれることもあったりします。これに甘んじている男性は、復職後にいきなり負担増になります。

妻のほうは、「働く女性」としてリスタートする負担があります。同時に「子育てする母親」

もクリアしていかなければならない分、妊娠・出産前より家事は大変になります。夫がどうサポートするかが問われます。

例えば、保育園に入れば妻の年収は出産前にすぐ戻ると思ったら大間違いです。まずこれから相当の間、妻の残業代はないものと考えたほうがいいでしょう。人事評価としてもフルタイムで働く同僚の男性と比べて有利とはいえないため（時間あたりの業務でいえば、子育て女性のほうがパフォーマンスが良かったりするのだが、それをきちんと評価できる人事制度がある会社は少ない）、その後の年収の伸びは夫ほどにならないかもしれません。

復職後すぐも、慣らし保育のあいだは保育時間はたった数時間ですし、病気になればいつでも呼び出されてお迎えし、小児科に連れて行かねばならない日々が続くのです。

・**朝の家事や育児**（起こして食事させて登園準備）
・**保育園の登園、お迎え**
・**急な保育園のお迎えコール対応**（通院含む）
・**病気の際の看護**

の部分を「妻がやるのが当たり前」と考えず、夫もどこまでできるか考えてみてください。

もしできれば、妻の復職直後に夫が育休を取得することを考えるのもいいと思います。会社も男性の育休取得率向上を目標設定している場合があり、スムーズに取得できるケースが増えてきています。数週間程度の短い休暇であっても、妻の復職すぐのしんどい状況と、子どもの慣らし保育でがんばっているあいだで大きな力となるはずです。

男性の有休の活用が大事

家事育児とつながったところで共働きのマネープランを考えるとき、「休んだら無給」という問題をできるだけ減らすことがカギです。

このとき活用が必須となるのは**有休（年次有給休暇）**です。妻が子育てを開始すると、有休の残り日数がギリギリになるまで取得するようになりますが、これは子どもの病気や検診、保育園や小学校の面談等で平日に休む必要が増えてくるからです。

有休は、仕事をせず休んでいても給与が通常勤務と同様にもらえる仕組みですから、月収を減らさずに子育てできることになります。これを有効に活用するのが大事です。

もし有休付与日数を使い果たしてしまったら、看護休暇の制度があります。年5日の取得は法律上認められた権利となっていますが、看護休暇では賃金の支払いは会社に義務づけられて

はいないので、無給となっていることが少なくありません。

つまり、看護休暇を利用すればその分年収は下がるということになります。手取り月22万円の社員が勤務日数22日の月に1日休めば、手取りが1万円ダウンするのです。さらにそれ以上の休みを取得すれば欠勤扱いとなり、やはり規定の給与はもらえないということになります。

このとき、しばしば見かけるのが、「男性の有休はいつも20日以上残っているのに、女性の有休は春になると1ケタ日数」というケースです。子どもの病欠は冬に多いので、春を迎えると女性は有休の減り具合がストップすることにほっとします。多くの企業では10月に有休日数がチャージされますので（4月入社から半年で付与し、その後1年ごとに付与するため）、9月までは有休日数がゼロにならないよう気を使いながら仕事をしています。

これは実におかしな話です。男性も有休を使えば、女性がこれほどの綱わたりをする必要はないはずです。妻のほうだけが有休日数が枯渇しているとしたら、妻はプライベートの用事で有休を取ることもできないわけで、これこそ妻に家事育児を押しつけている証拠です。

男性もぜひ有休を取得しましょう。有休は全日の休暇に限らず、時間単位で取得したり、半休扱いで取得することを定めていることが多いので（利用日数には上限がある）、実は柔軟に休むことができます。

「社内会議やクライアントとのアポで妻が絶対に休めない日」とか「もしかしたら子どもが明日以降体調が悪くなる可能性」などは常に夫婦間で共有しておき（スマホのメッセンジャーでやりとりすれば十分）、夫のほうも休める日をリストアップしておきます。男性は前日から「明日もしかしたら午後休むことになるかも」と社内で先手を打っておけば、職場にはほとんど迷惑をかけずスムーズに休みが取れます。会社がブラックでなければ、一度取ってみると男性の有休取得はそれほど難しくないものなのです。

男性の有休残日数も春には1ケタとなっているのが、**「共働き、共育児夫婦」**だと思います。少なくとも知らないうちに妻が無給の休みを取得していることがないようにしてください。

共働きの家事育児術（特に男性の）

イクメンは家事メンと考えると分かりやすい

イクメンという言葉がすっかり市民権を得るようになりましたが、育児参加だけが男性の役割ではありません。イクメンという言葉に踊らされていると、週末に子どもと遊んであげる時間を確保すればいいのだと誤解してしまいます。

むしろ「家事メン」となることのほうが妻から期待されていることだと思います。週末に子どもと遊びたいのは共働きの妻も同じですから、「子どもと遊ぶのは妻に譲って、平日家事をしていない自分は、スーパーマーケットへの買い出しや週末の掃除や洗濯物干しはやる」と考えてみるのです。

男性の家事育児シェアは年収比で考えても妻に及ばないはずですが、家事の分担を増やすことのほうが共働き夫婦にとっては重要です。平日の家事、週末の家事、いずれも割合を増やす方法を考えてみましょう。

平日の家事については、「出勤前」と「帰宅後」に何ができるかをぜひ話し合ってみてください。「ルーチン業務」で引き受けられるものを分担することで、夫婦の不公平感がかなり改善します。「どんなに遅く帰ってきても皿洗いはやるからそのままにしておいてくれ」「洗濯機を回しておいてくれれば、風呂上がりに自分が干しておく（浴室乾燥機がある場合）」などと決めておくだけで、妻の機嫌はずいぶん良くなるはずです。男性としては大変かもしれませんが、年収比で家事シェアを上げるにはここがんばりどころです。

週末の家事については、車を出して1週間分の食材を買い込む当番や、週に一度やるような掃除（浴室をしっかり磨くとかベッドのシーツ交換とか）などで、定型業務として引き受けやすいものを分担としてもらっておくといいでしょう。

家電購入により夫婦ともに時間を作る

とある家電メーカーが、家電が家事を省力化することで家族の時間が増やせる、というCMと特設WEBを開設していましたが、これは男性の家事のヒントでもあります。

つまり**アウトソースや家電の力は頼れるなら頼れるだけ利用すればいいのです**。

家事代行サービスなども利用できるなら時折利用してみるといいでしょう。値段とクオリティのバランスですが、専門性が必要な大掃除から日常の家事の一部を代わってもらうものまで、いろいろな代行サービスがあります。浴室のカビ防止クリーニングやエアコンの掃除などは専門性を活かして、年に数回やってもらうと便利です。週に数日、数時間程度の日常家事の代行をやってもらう人もいます。最初は小さな作業で依頼し、信頼できる会社なら定期的に頼んでいくといいでしょう。

もう1つ、利用したいのは家電の力です。戦後すぐに三種の神器と呼ばれた中には自動洗濯機と冷蔵庫がありましたが、家電が家事の負担をどれだけ軽減させたか分かりません。今でも家電の力により家事負担を軽くさせることができます。共働きほどそうした力を借りる余地があるはずです。特に子育て中の共働き夫婦にとって便利だと思われる家電は以下の3つです。

1．洗濯乾燥機（浴室乾燥機）

洗濯の悩みである乾燥の時間的制約から家事を解放します。洗濯乾燥機の中でタオルを乾燥までさせたり、浴室乾燥機を活用すれば、太陽が出ていなくても洗濯物を乾燥させられますし、「夜中に干す」ことで男性の家事参加可能性を切り開くアイテムです。

2．ロボット掃除機

共働き家庭の日中が不在であることを活かせるアイテムです。自動的に掃除をしてくれるので、毎日掃除機をかける必要性から解放されます。副次効果として床にものを散らかさなくなることもメリットです。

3．食器洗浄機（食洗機）

台所の水栓の交換が必要になることもありますが、家事を省力化するにはとても便利な商品です。「洗う」から「拭く」までの一連の作業から解放されます。

数万円の家電品が毎日の時間の20分を肩代わりしてくれるとすれば、**年間120時間の節約に匹敵**します。その分日々の負担は軽くなり、家事に費やしていた時間を家族との時間や休息に充てられるかもしれません。コストパフォーマンスとして考えたとき、家電にかけたお金が元を取れそうなら、高額家電を購入するのも共働きのマネープランの極意ではないでしょうか。

Chapter 8

共働きの住宅購入術

Chapter 8 ポイント

1. これからは空き家が増えるため、家賃も不動産価値も大きく下がっていく可能性があるが、一方で今は超低金利環境なので家を購入するには有利でもある。

2. 「長生き」はセカンドライフにおいて一番のリスクになる。老後も賃貸で暮らしたい場合、長生きするほど事前の家賃準備が高額になるのが難しい問題で、リタイア前に「終の住処」は確保したい。

3. 人生100年時代に合わせて、賃貸で暮らしながら頭金を貯め、子どもが自立したら夫婦二人暮らしに見合うサイズの家を一括購入するという選択肢もある。

家を買うのが難しくなっている

昔は共働きの住宅購入は楽勝だったが時代は変わった

ひと昔前は、共働きであればダブルインカムの力で住宅購入は楽勝モードで行えるものでした。

二人の合計所得が高いぶん、専業主婦世帯と比べて頭金はたくさんの額を早く貯めやすく、借入額を抑えることができます。物件を見つけて残額をローン設定し返済をスタートしても、共働きの強みを活かしてガンガン返済していくことができます。

住宅購入をより有利なものとする方法はきわめて単純で（図8-1）、

1. できる限り安い家を買う。

2. できる限り頭金を多くする（借入額を減らす）。

3. できる限り返済期間を短くする。
4. できる限り低金利で借りる。
5. できる限り税制優遇は活かす。

ということになりますが、2と3については、共働きは有利な条件設定がしやすいものでした。

また、住宅バブルが崩壊するまでは、「早く家を買う」「借りられるだけローンを組む」ことだけを考えればよく、後からインフレと賃上げと地価上昇がついてきたので、家を買うことは何も難しくありませんでした。買い換えをしても、ローンの完済どころか次の家を買う頭金が十分確保できるような話は、今では夢物語ですが、かつては本当にあったのです。

空き家が30%を超える時代に家の価値は下がるおそれ

しかし**今は、住宅購入の難しさが高まっています。「買った家の値段が上がるとは限らなくなった」のと、「買った家に住む時期が長期化しつつある」ためです。**

まず、家の資産価値について疑問が現れるようになってきました。私たちは家に対して資産価値を期待します。老後に家を売って老人ホームの入居費にしたいと考えることもあり、マネープランとしても家の財産としての価値は無視できません。

8-1 住宅ローンの基本はシンプル

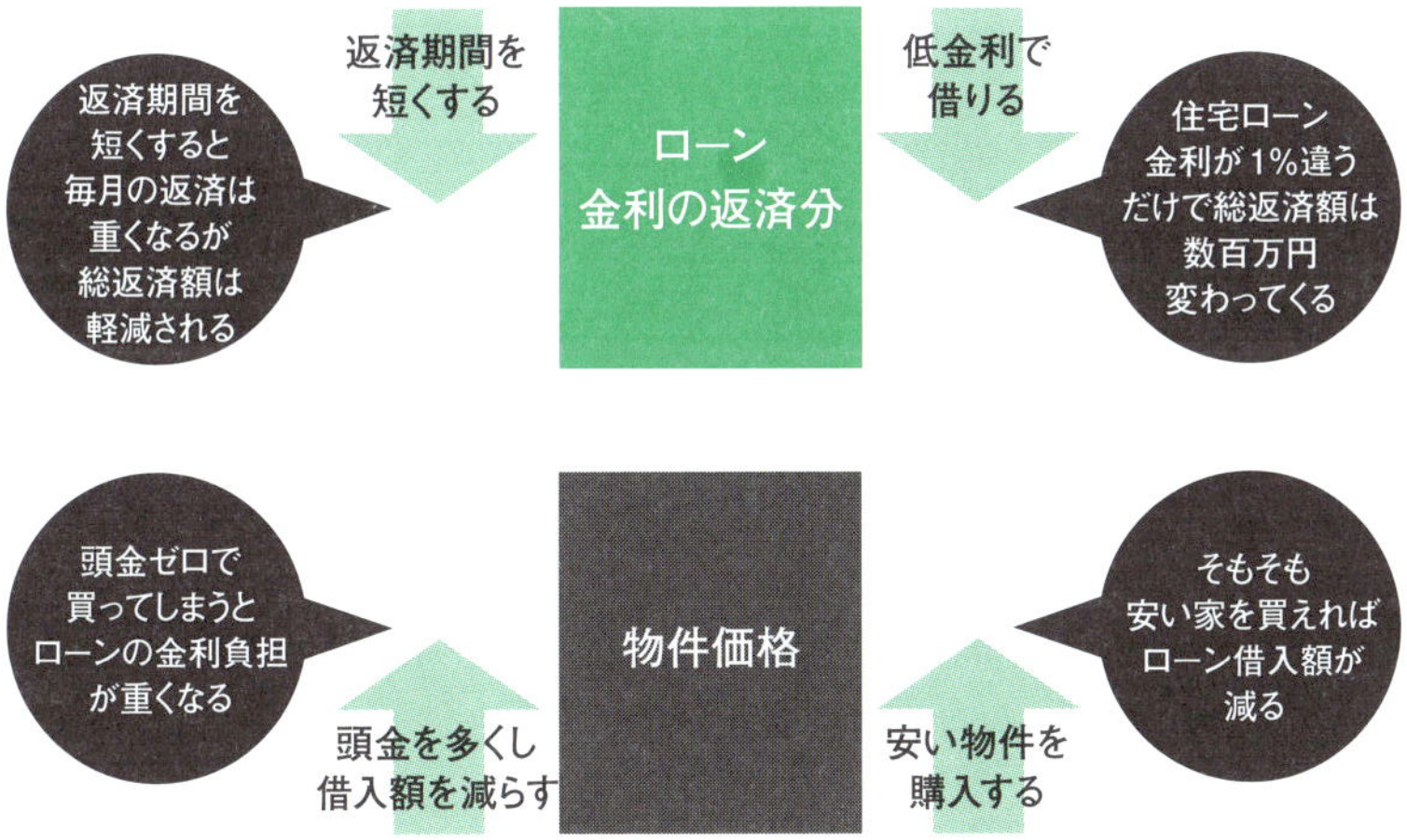

しかし、不動産の価値について上昇可能性と下落可能性を素直に考えれば、上昇可能性を見込むことは難しくなっていきます。なんといっても人口が減少するということは、必要とされる住宅戸数が少なくなるということです。

野村総合研究所のレポートでは、２０３３年に空き家は現在のほぼ倍となる２０００万戸超えになるのではないかと予想しているほどです。

これは空き家率が30％を超えるという信じられない数字です。しかし、ひとりっ子同士の結婚による夫婦に、それぞれの親の持ち家が１つずつあったとすれば、相続により２つの住宅を手にするわけで、どちらかに住んだとしても1つは余る計算です。世の中には新築住宅が常に供給されることを考えても、空き家が増えることは現実的に起こり得ることとしておかしくありません。

こうした時代に家賃も不動産価値も上昇し続けるとは考えにくく、むしろ大きく下がる可能性を見込んでおかなければなりません。シングル向けの部屋については、独身率の上昇があるためしばらくはニーズがあるという意見もありますが、同じ価格ならより広い部屋に住むようになるはずで、ワンルームマンションのような狭小住宅の価値はむしろどんどん下がっていくでしょう。いずれにしても、値上がりに過度の期待は禁物です。

30代で買った家に100歳まで住めるかという新しい難問

もう1つ顕在化しつつある悩みは、「長生きする間、家自体が持つか」という問題です。

家の寿命をどれくらいに想定するかはそれぞれですが、住宅ローンを設定する人の多くは30代後半か40代前半に返済をスタートさせます。これは返済期間を20年以上確保し、毎月の返済額を現実的なものとするためにも必要なことなのですが、「長生きするとその家に70年住まなければいけない」という、今まで想定していなかった問題にも直面するようになりました。

すでに、65歳の男性は約19年、女性は約24年の平均余命がある時代にきています。女性の場合、おおむね二人に一人が90歳まで生き、おおむね四人に一人が95歳まで生きます。

もし夫の年齢が35歳のときに買った家に、3歳年下の妻が住み始めたとすれば、妻が95歳まで生きるとすると63年もそこで居住することになります。

50年を経過した物件については相当の傷みが生じます。大事に利用していたとしても、インフラの劣化は避けようがありません。戦前に建てられているコンクリートビルなどは、そのほとんどが老朽化との戦いで、いつ建て替えするかずっと議論されているような状態です。今建っているマンションが、販売時の説明では100年維持可能と言われたとしても、50年後にどうなっているかは分かりません。

木造の一戸建ても築50年を過ぎれば建物自体に無理がきてしまい、一部の柱だけを残して（完全な建て替えにすると建築基準がいろいろ面倒になるため）ほとんどすべてをリフォームすることがしばしば起こっています。リフォームや建て替えにはお金がまたかかりますが、年金生活ではローンは組めません。

日本人の平均寿命はまだ延びると予想されていますが、「100歳まで住める家」を何歳で取得すればいいかは、きわめて難しい問題です。

50年でリフォーム（マンションなら建て替えの可能性も含めた人規模な修繕）するとすれば、

100歳人生の時代には50歳で買うべきということになります。しかし引退年齢が65歳（現実には60歳定年の会社がまだ多数）という時代に、これでは返済期間が短すぎてローンが組めません。

住宅ローン金利だけは大チャンスだが……

一方で、今家を買うのに有利になる条件が1つだけあります。超低金利の環境です。

マイナス金利政策は基本的に庶民にとっては益の少ない政策です。定期預金金利が、1カ月満期でも10年満期でも、1万円の預け入れでも300万円の預け入れでも同一金利になるというのは明らかに異常な状態で、かつその金利は資産を増やす力としてはほとんど機能しないまでに低くなっています。

ただし、住宅ローン金利についてだけは別です。我々が家を買うときに背負うローン金利は我々の支払総額を多くする要素であり、かつては「借入額の1・5倍が総返済額だとイメージする必要がある」と説明されたものです。

しかしこれは住宅ローン金利が年3％であったときの話です。固定金利で年1％の設定も可能な現在では、借入額の1・16倍程度を返済すればよいほどに借り手にとっての条件が有利になっています（返済期間を30年と仮定した場合）。

3600万円の家を買うとき、5400万円を総返済額と捉えて、毎月の返済額設定をするのか、4200万円を総返済額として毎月の返済額を設定するかは大きな違いがあります。

住宅ローンの金利負担は、同じ家の取得費用を大きく変えてしまう要素です。今あげた例であれば1200万円も値段が変わるので、超低金利の環境だけは家を買う絶好の条件となっています。

これで、家の価値が今後も上昇する期待が持てるのであれば話は楽なのですが、なかなかそうはいかないのが、今の共働き夫婦の直面する「家という難問」なのです。

とはいえ、年金生活までに家は必要である

さて住宅取得が難しくなっているという話をすると、「持ち家がいらないというのか」とか「一生賃貸でいくのがお得なのか」と思われがちなのですが、それもまた誤解です。こうした条件を踏まえつつ考えてみても、持ち家の取得はやはり必要だからです。

いつかやってくるセカンドライフにおいて、一番のリスクは「長生き」そのものです。私たちはできれば長生きをしたいと考えますが、実際に何年長生きするのかは誰にも分からないことが、もっとも不確実な要素となっています。

セカンドライフも賃貸生活をしたければ、持ち家取得をする他のファミリー以上に、老後のための資金確保が必要です。公的年金には家賃手当はありませんから、自分の「長い老後の家賃」を定年前に全額確保しなければいけないのです（図8-2）。

これは容易ではありません。年8万円の部屋に落ち着くと仮に設定しても、年約100万円の準備が必要になり、標準的な女性の余命でいえば2400万円が、老後の予算に追加で必要となるからです。老後の生活資金（賃貸費用抜き）として3000万円は貯めたいと考えるなら、生涯賃貸派は5400万円がノルマになり、ハードルが一気に高くなります。

しかもこの24年というのは仮定の数字でしかありません。65歳で会社勤めを終えたとき、男性の平均余命は19年です。女性なら24年とのことですが、あくまでそれは「平均」です。

実際、女性の四人に一人はさらに5年長生きしますし、100歳も珍しくはありません。このとき「平均的には老後は24年だけど30年超もあり得る」というのは、計画としては幅が広すぎます。30年を見込めばセカンドライフの家賃予算は3000万円になり、600万円の増額です。35年を見込めば1100万円の増額です。必要になるか分からないが、必要になる可能性もあるお金、というのは準備する側にとっては厄介なのです。

その点、持ち家を取得している場合、固定資産税と、管理費や修繕積立金を納めていれば（マンションの場合）、基本的に住み続けていくことができます。老後の長短に応じて予算が大変動

8-2 一生賃貸のリスク、30代持ち家取得のリスク

一生賃貸派
現役時代
賃貸生活
不動産値下がりの
リスクがない
ライフスタイルに
応じて住み替え可能
年金生活時も
賃貸生活
長生き年数は不明だ
が家賃の事前準備
は65歳までに確保
が必要という難しさ
若いときに持ち家取得
35歳で購入
今までの
スタンダード
ローンを返す
時間的余裕がある
95歳時
建替リスク？
大修繕が必要
人の長寿化に
家の長寿命化は
マッチするか

することはないわけです。

そうすると、**「老後に家は確保したい」が、「家を買うセオリーが難しくなっている」ということが、今共働きをしている夫婦が認識するべきスタートラインということになります。**

子育て中の共働きは「あえて賃貸」もあり

子が未就学のうちは賃貸も選択すると自由度が上がる

100歳まで住むことを考えると住宅購入のタイミングが難しい、という話をしましたが、**あえて賃貸で暮らす期間を延ばして購入時期を遅らせるというのは、死ぬまで維持できる家を買うための対策方法の1つ**になります。

「賃貸で長く暮らす」ことは、子育てと共働きにとって悪い話ばかりではありません。理由の

1つは「転居の自由」を残すことができる点です。住宅の取得は、イコール居住地の固定ですから、職場と居住地の距離をコントロールする自由は減ってしまいます。片道に2時間かけるような居住地は疲労の回復を妨げ、むしろ仕事への集中力を低くしてしまう点で、すでに過去のライフスタイルといえます。

最近では「保活」の厳しさが問題となっていますが、保育園の条件があまりにも厳しい市区町村に住んでいても、家を買ってしまったあとならどうしようもありません。しかし賃貸であれば隣接市区町村に引っ越すことを選択肢として残せます。

近隣の住民トラブルから逃れられる、というのも賃貸生活のメリットです。特に子育て期間中においては住民トラブルに子どもを巻き込みたくないでしょうから、引っ越しで問題解決を図れるという賃貸の強みが活かせます。

子どもの成長に応じて住む広さを変えられるというのもメリットです。子どもがまだ0歳児のとき、子どもが小学校入学時点、中学以降と成長に応じて必要な生活スペースは変わります。また子どもが何人生まれるかを先に確定させてから家を買うというのはなかなか難しいものがあって、想定外の「もう一人」の誕生で部屋のレイアウトに苦労することもありますが、賃貸ではそうした自由度を住み替えで獲得することができるわけです。

職住近接がイクメンを可能にする

賃貸のメリットとして職住近接を指摘しましたが、イクメン問題の解消策としても有効です。**家事育児を男性が担当するときの最大の問題は労働時間が長すぎることで、次いで問題となるのは職場と自宅の距離が遠すぎること**です。

残業が午後7時までだとしても、もし会社から30分圏内に住んでいれば7時半に帰宅が可能ですから、子どもとお風呂に入れますし、皿洗いもできます。しかし通勤時間が2時間かかれば帰宅が9時を過ぎてしまい、未就学児の寝付かせ時間にあたるため「むしろまだ帰ってこないで」と言われてしまったりもします。当然ながら平日に家事も担当できず、イクメンにもなれません。

かつて妻は住宅街にほど近いところでパートすることで、「夫は職場が遠くても、妻は職住近接」という状況を作り出していました。近所のスーパーで働くイメージです。妻がほとんどの家事育児を担当することが前提ですが、それでも、夫の勤務時間が長くかつ労働時間が長い環境をカバーできていたわけです。

しかし、これからの共働きは、夫婦ともに正社員の時代です。夫婦双方が労働時間を短縮することが求められていますし（働き方改革の流れでもある）、夫婦双方が家事育児に関わっていくことが必要です。その有効な対策たりうるのが職住近接となるわけです。

職住近接が実現すれば、「1時間年休」「半休」などの有休取得で、夫が子どもの急な発熱時に保育園のお迎えをしたり、病院へ通院させることもできます。

子どもの誕生とほぼ同時期に家を買うことが今まではライフステージとしても合理的だったかもしれませんが、これからの時代は当たり前の発想は一度捨てて、「わが家にとっての家の買いどき」を考えてみるべきだと思います。

「あえて賃貸」の注意点は家賃を抑えて貯金も並行すること

あえて賃貸で暮らす期間を延ばす場合の留意点もいくつかあります。

それは「借りられる上限」で部屋を借りないということです。家を買う年齢を遅くするということは返済期間がその分短くなる、ということです。毎年の返済余力は40歳でも45歳でもそれほど変化はしませんが、「5年間に払った家賃」と「5年間に返した住宅ローン」は意味合いが大きく異なります。

遅く家を買う場合は、遅く家を買うなりの戦術が必要です。すなわち、

・購入費用（物件価格）はできる限り控えめに。
・頭金は少しでも多く確保する。
・返済期間は遅く買った分短く設定する。
・毎月の返済額はできるだけ多めに設定する。

ということになります。この中で家を買う前段階から対応できるのは「頭金」準備です。

家をこれから買う人たちは、目の前の家賃を払いつつ、頭金を積み上げていくわけですが、あえて家を買うタイミングを遅くしている人は、より多く頭金を確保する意識が必要になります。**言い換えれば、家賃が低めの物件を意識的に確保して貯蓄余力を残したり、年収が上がっても高額物件への住み替えは控えて貯蓄余力を高めたりして、きたるべき住宅取得時の頭金を増やし続ける必要がある**わけです。

子育てがスタートすれば子どもの学費準備も並行していく必要がありますから、世帯年収の10％はもはや貯蓄の最低目標であり、できる限り20％に近づけられるように家計を見直したいものです。そのためにも「低めの家賃の賃貸物件」にはこだわりましょう。

子どもがいるうちは部屋を汚してしまうことは避けられないので、築年数が少し経過している中古物件に住むのも手だと思います。同じ広さでも新築や築浅物件と比べ相対的に家賃も低くなるはずです。今は使い勝手がやや悪い古い家であっても、子どもに「住む部屋がグレードアップする」という体験を将来させてあげられれば、教育上もよいかもしれません。

共働きが家を買うときは、がっつり頭金を貯めてさっさと返す

住宅ローンの基本の「きほん」を確認しておこう

共働きの住宅取得のセオリーについて、いくつかポイントをまとめておきます。住宅購入や住宅ローン設定についてはたくさんの情報がありますので、あわせて活用してください。

なお、ここでは「エリアの善し悪しや将来性」のようなテーマは語りません。シンプルに、お金を借り、資産を得る場合の基本的留意点をまとめてみたいと思います。

まず、住宅ローンの基本です。ビジネスとして考えたとき、住宅ローンは個人が大きなリスクを負って資産を獲得する手段といえます。なぜなら、ディベロッパーはローンが設定された段階で不動産の購入価格をすべて銀行から得ることができますし、銀行は担保を設定することにより支払い不能になった場合はその家からあなたを追い出し、ローンの残債と相殺することもできるからです。

私たちは住宅ローンを返し続けることで、実質的にはまだ自分の家となっていない物件に住むことができ、その分家賃を払わずに済みます（ただし固定資産税やメンテナンス費用は生じる）。住宅ローン減税のような政策が実行されているうちはローン返済者に対する税制優遇も受けられます（ただし期間限定の措置であり将来の動向は未定）。

住宅ローンをきちんと約束どおり払い終えることができて、初めて家が自分のものとなるわけですが、その段階では土地の価値はあっても物件の価値は相当に傷んでいることになります。

このとき、住宅ローンの基本的な構図は次のような関係で成り立っています。

- **借入額を多くすると総返済額も多くなる。**
- **借入金利が高くなると総返済額も多くなる。**
- **借入期間を長期にすると総返済額も多くなる。**

これを反対にすれば、次のようになります。

- **頭金を多くすると借入額が減り、総返済額も少なくなる。**
- **購入物件の価格が低いと借入額が減り、総返済額も少なくなる。**
- **借入金利を低くできると総返済額も少なくなる。**
- **借入期間を短くできると総返済額も少なくなる。**

もちろん年収によって毎月やボーナスごとの返済額には一定の上限が生じますし、金利は自分のねらったタイミングで決められるものではありませんので、住宅ローンは「物件価格」「頭金」「返済期間」「返済額」という自分が判断できる要素と「金利」という判断できない要素を組み合わせるパズルになります。

物件取得価格を安易に引き上げないよう要注意

それでは住宅ローンにかかる要素を1つずつひもといてみましょう。

まずは物件価格からです。ネットや住宅系の情報誌には「年収○○万円だったら、○○万円の家が買える」というような情報が躍っています。これをそのまま鵜呑みにする人がいますが、こういう情報は「売り手が提示する『搾り取れる上限』」と思うくらいが適切です。

不動産に関する情報は無料でいろいろ得られますが、ディベロッパーや金融機関から提供されているものが数多くあります。しかし「売り手」の広告宣伝の一環として提供されている情報を、「買う気」になっているあなたが入手したとき、判断に偏りが出てくることは否めません。

一番良くないのは、最初に夫婦で話し合った予算イメージを、検討時にずるずる引き上げていってしまうことです。モデルルームや住宅展示場に行けば、当初予算よりちょっと背伸びして物件選びや内装条件を検討し始めてしまいますが、自分たちの購入意欲につけこまれているのではないかと警戒しているくらいがちょうどいいのです。

物件価格と年収の倍率については5~6倍を超えてくると返済計画にかなり無理を求めることになり、背伸びした物件選びになってきます。共働きの場合、夫婦の合計年収が1000万円を超えることもありますが、その年収をずっと維持できるとは限りません。子育てが落ち着くまでのあいだ、妻の年収がピーク時から100万~200万円下がることもあり、住宅ローンを先に設定したあとで年収減に対応できなくなったというのでは困ります。

あるファイナンシャルプランナーは、住宅購入前の相談に来た顧客に「急行停車駅にある物件だけではなく、その隣の各駅停車駅でも物件を見学しましたか?」と話を振り、住宅購入を控えて舞い上がった気分を冷静にさせるそうです。そこではっとした顧客は少しの不便で数百万円の割安な物件が買えることに気がつき、住宅価格を真剣に考え直すことができるわけです。

ダブルで頭金を貯めることがカギ！物件価格の3割、年収の25％を目標に

共働き夫婦の場合、とにかくハイペースで頭金を貯めることが住宅ローン設定を楽にします。

しかし近年は低金利環境が強まったこともあり、住宅ローンを組む際に頭金を多く貯めることが軽視されている傾向にあります。かつて、頭金は30％以上用意しようとアドバイスされてきたのに、今では頭金ゼロでもローンは組めると金融機関がささやくこともあるほど極端です。「ローンを組める」のと「適切なローン設定である」ことはまったく別物ですし、頭金があったほうがいいことは間違いありません。

共働き夫婦が頭金を貯めるための対策は、すでに述べた「賃貸物件の賃料を抑える」ことと「日々の家計の節約」です。

まず賃貸物件の賃料については「借りられる上限」ではなく「貯められる上限」を意識します。家計において賃貸物件の家賃は、確実に発生し、かつ引き下げがなかなか難しい固定費の1つです。夫婦の年収から考えれば払える、と安易に考えるのではなく、年収の25％くらいを

貯められるかどうかも含めてその家賃が払えるかを真剣に考えるくらいが適当です。リーズナブルな物件に住むことは貯蓄余力に直結するからです。

次に考えるべきなのが、日々の家計の節約です。住宅購入の目標を実現するために、質実剛健の家計に切り替えていくことを考えます。ムラのある支出、ムダのある支出、割高な支出を見極めていくと、月に数万円の貯蓄余力をあっという間に確保することも可能です。家計管理や貯蓄の話題はすでに説明していますから、改めて参照してみてください。

定年退職後にローン残高を残さないのが「借りられる上限」

基本的に、返済期間は自分たちのリタイア年齢に縛られることを考えます。65歳リタイアの予定であれば65歳で返済終了になるような返済期間を設定するべきです。これからの時代に定年年齢の引き上げは必ず行われるでしょうが、「60歳定年、65歳まで再雇用（現在の法律上の義務）」が、「65歳定年」になり、また「65歳定年、68歳まで再雇用」などとステップアップしていくにはまだ時間がかかると思います。いつか70歳定年になるとしても予想は困難です。

あまり未来を楽観的に捉えすぎると、「住宅ローンの返済は終わっていないが、夫婦の合計年収は大きくダウンしてしまった」ということになります。定年70歳に期待してローンを組んだものの、65歳になって年収はガクンと下がる再雇用になったというようなケースです。実はこれ、老後の資産形成を考えたときに大きな障害となります。

こういうケースは今でもしばしば見られます。60歳時点で住宅ローンや教育ローンの残債がある場合、再雇用で働いている収入が大きく下がってしまったため返済余力が維持できず、退職金（60歳定年時に支給される）を使って精算するというものです。

せっかく会社が用意してくれた退職金は、本来であれば引退後の25〜30年の軍資金とするべき貴重な資金源であるはず。それを受け取って早々に、半減ないし全部使ってしまうほど老後に不安をもたらす結末はありません。

今から住宅購入を考える世代であったとしても、70歳あるいは75歳で返済を終わらせるような計画はリスクがあると思います。そういうローンを設定しなければ毎月の返済が成り立たないなら、その物件は高すぎるということなのです。

究極的には「退職時の余裕資金」で一括で家を買う選択も

不動産購入時期を遅らせることの究極的な方法として「子どもが卒業するまで購入タイミングを遅らせる」という選択肢もあります。

この場合、「老後の25〜30年住めばいい」という物件選びになるため、築浅の中古物件が選択可能になり、物件取得価格を安くできます。また子どもが卒業しているため、夫婦二人が暮らすだけの広さがあればよく、広い家を買う必要もなくなります。

引退時点でいくら費用を確保できたかによって、物件の条件を変えられるのもメリットです。1500万円しか予算がないなら、1500万円で買える広さの物件、買えるエリアの物件を探す、2000万円確保できたなら2000万円に合う物件を探す、というように最終的なすみかを変更することで、セカンドライフの収支に悪影響が及ぼさないような調整ができます。

一方で、ローンの設定はかなり難しくなるので、頭金100%、つまり全額自己資金で購入できるような準備が必要になります。今まで、日本人の住宅取得セオリーは住宅ローンを念頭に置いてきましたから、賃貸に住みながら40歳代も50歳代も資金を貯め続け、定年時に一括で買うのであれば、周到なマネープランが求められることになります。

ところで、**一括購入をするということは金利水準をうかがう必要はなくなりますが、住宅ローン減税のような税制優遇も得られないことになります。**このあたりは悩みどころでしょう。

しかし「死ぬまで家賃を払うリスクがあるため、ついのすみかの確保は必要」という要請と、「子どもが卒業するまでに必要な広さの住宅は子が巣立ったあとには広すぎる」「若いうちに買うと100歳まで住めないリスクがある」という制約条件を同時にクリアする新しいライフスタイルとしては、「定年時一括購入の不動産取得」が注目されてくる可能性があると思います。

Chapter 9

DINKSのマネープラン

Chapter 9 ポイント

1. DINKSは子育て世帯と比べると、数千万円の貯蓄余力があるはず。しかし日常的に豊かな生活を送ることに慣れてしまうと、老後に資金不足になりかねないので要注意。

2. 「子ども」という制約から自由な立場にあるDINKSは、転職活動においても有利。キャリアアップに積極的に挑戦してさらなる余裕を作ろう。

3. 生涯賃貸派を考えるDINKSは少なくないが、リタイア時点で持ち家を購入しておくほうが後のためには良いといえる。家を購入する際は贅沢しすぎないことが大事。

子どもがいない共働き、家計の注意点は

子どもがいない共働き家計の特徴

共働きで子どもがいない夫婦のことを「DINKS（ダブルインカム・ノーキッズの略）」と言います。女性の就職率が高まっているため、子どもがいない夫婦が共働きで仕事を続け、お互いの定年退職まで働き続けることが増えています。本章では、そんなDINKSのマネープランについて考えてみます。

DINKSには、子どもは「今いないが将来は欲しいと考えている（積極的に妊活をしている場合と不妊治療を行っていないケースがある）」という夫婦と、「自然の成り行きに任せて、このまま二人で暮らしていくのも悪くないのではないか」と考えている夫婦がいます。それぞれ立場は異なりますが、今は子どもがいないという点では、その状態が将来も続く可能性を前提

にお金のことも考えておくべきです。

DINKS夫婦の家計には以下のような特徴があります。

1. 世帯年収は相対的に高くなる。

2. 生活水準も相対的に高くなる。

3. 資産形成の余力があるが、十分なペースで行われていないこともある。

まずは「世帯年収は相対的に高くなる」についてです。共働き世帯といっても女性が産休・育休期間を経過するとキャリアの中断が生じ、そうでない女性と比べて年収アップには影響が出ます。昇格や昇給が数年遅れることになったぶんを取り戻すことは簡単ではないですし、その後も時短勤務を続けたり、残業をほとんど行わないことで、子育て中の女性のほうがどうしても年収が下がってしまいます。しかしDINKSはそうした影響を受けないため、世帯年収で比べると有利な条件となります。

次に「生活水準も相対的に高くなる」についてです。二人で稼いだお金を二人の生活を楽しむために使っているわけですから、何も悪いことはありませんが、同じ予算で三人あるいは四人分の費用を捻出する子育て家庭と比べれば、一人あたりの予算を高めに設定できることは間違いありません。多めの予算で生活の「質」をよりたくさん買うことができるわけです。

最後に「資産形成の余力があるが、十分なペースで行われていないこともある」についてです。世帯年収が高いから貯金額もたくさんあるかというと、必ずしもそうでけないというのもDINKSの特徴です。簡単に構図を説明すれば、**「多い世帯年収（A）」－「多い世帯支出（B）」＝「貯蓄額（C）」となりますから、Aが相対的に高いぶん、Bも同じくらい高くしてしまうと、貯蓄額のCは必ずしも増えない**のです。

一方で、AもBも高いとしてもBの支出はそれほど高くしていないため、Cの貯蓄額はハイペースで行われている場合もあります。倹約タイプのDINKSのケースです。

子どもにかかる2000万円分が生活の豊かさに回る

DINKSと子育て世帯において、支出に大きな差が出るのが「子育てコスト」です。子どもを一人育て上げるためには2000万円以上かかると言われますので、言い換えれば、**DINKSには子育て世帯と比べると数千万円の貯蓄や消費の余力がある**ことになります。

しかし子どもが二人いる夫婦と比べて4000万円支出が減ったとしても、そう油断はできません。その多くは目の前の生活水準向上に用いられることが多いからです。

自宅不動産の購入において、DINKSが子育て夫婦より1500万円高い物件を買ったとします。さらに、旅行や日常の買い物で年100万円多く消費したとすれば（仮に35歳で結婚したとして）、25年で2500万円が消えます。合計すれば4000万円貯める可能性をすべて使ってしまったことになります。

ちょっとした日用品をオシャレな雑貨屋さんで買い求めたり、靴や服をブランド品で選択したり、外食のロケーションを値段より味で選んだりすることを繰り返す日々はつまり、自分たちの豊かさのために4000万円を回している、ということです。それが悪いというわけではありませんが、問題はあります。心配なのは「DINKSの老後」です。

年金額が多くても生活コストのほうがはるかに上回るおそれ
～老後にそのライフスタイルは維持できない

DINKSも共働き正社員として働いているのであれば、老後のお金の準備について相応の準備がすでに行われていることになります。

まず、厚生年金に二人とも加入していますので、国民年金（老齢基礎年金）と厚生年金（老齢厚生年金）を共に受け取れます。子育てで妻の年収が下がる時期もないとすれば、夫婦の年金額の合計は月32万円程度が平均的なイメージです。

また、夫婦ともに転職等でキャリアを細切れにしていなければ、退職金が合計2000万～3000万円になる可能性もあります。産休・育休期間の退職金算定基礎については会社次第ですが、退職金には反映しないことが多いので、DINKSのほうが受取合計額は高くなるのが一般的です。

これらは専業主婦と会社員の世帯と比べても、パートと会社員の世帯と比べても、子育て共働き正社員夫婦と比べても、大きな老後の財産格差です。生涯受取額の総額では老後にも数千万円のプラスがあるからです。

しかしこの退職金格差も、DINKSには十分ではありません。**現役時代にエンジョイした生活水準を老後も維持したいと考えた場合、老後に月40万円の予算があっても足りないという事態が起こり得るからです。**

どんなに多くの年金をもらうことができても、それを超える支出を続ける限り、老後の収支は要注意です。現状でも4～5万円の赤字分を取り崩しつつ暮らしているのが標準的な老後の家計ですが、これが月12万円ずつ取り崩す（生活費は年金と足して月44万円）とすれば、25年の老後を見込めば3600万円は老後の資金を確保して引退することが必要です。月4万円の取り崩しであれば1200万円あれば足りるので、退職金だけでギリギリやりくりできなくもありませんが、3600万円だと夫婦二人の退職金がたくさんあっても、80歳代後半には底をつく可能性が大です。

介護も老後の家計も子どもに頼ることはできない

DINKSのお金の不安はまだまだ消えません。「子ども」というのは金食い虫だけではありません。子どもはいつか社会人になり、お金を渡すばかりの存在から卒業し、その後は頼れる存在になっていきます。子どもに経済的な支援を求めるのは酷だとしても、介護の支援を期待することはできます。

共に生活することになれば、体の不調を支えてくれたり、家事の負担の一部を補ってくれるかもしれません。数カ月に一度の通院も、一緒に通ってくれるだけで心強いでしょう。

一方DINKSの場合は、どちらかが先に体調を崩したほうの介護を行うことになりますが、その後は文字どおり「おひとりさま」になります。おひとりさまの老人は、お金で自分の将来のサポートを得るしかありません。

国の介護保険は、要介護状態にある人に一定の範囲でのみ給付が行われる仕組みですが、万能ではありません。もともと自己負担も必要になる仕組みですし、毎日のサポートを期待すればさらに実費を必要とします。終身で介護サポートもつく老人ホームへの入居を検討すれば、これまた一時金での入居費用と定期的な支払いが必要になります。

こうしたお金の問題を自ら解決することができればDINKSのセカンドライフは楽しいものとなりますが、それには「お金」がたくさん必要になるという意識と、その準備を行う覚悟が必要です。もちろん、その実行も伴う必要があります。

普通に考えれば20年以上に及ぶであろうセカンドライフを、DINKSとして二人楽しく過ごすために、今の生活のエンジョイと長いセカンドライフのエンジョイを両立させるための準備が必要です。お金の準備は定年後にはもうできないのですから、今からセカンドライフをスタートさせるまでにいくら貯められるかがDINKSの本当の勝負なのです。

DINKSの家計管理の注意点

一度家計を徹底改善し貯蓄余力を見つける

DINKSのマネープランにおいて必ず取り組むべきは、家計の引き締めです。DINKSの場合、貯蓄の潜在力は高いものの、まんべんなく高額消費をしていて貯蓄余力を自ら縮めていることが大きいからです。

すでにいくつかの章で指摘をしてきましたが、家計簿をつけ家計負担の「見える化」と適切なシェアを行うことと、貯蓄目標を設定して貯蓄の分担を行うことが、DINKSのマネープラン改善の大きなステップになります。家計簿をつける目的として、夫婦の家計分担のチェックを行うことに加え、そもそもの家計の無駄遣いをあぶり出す取り組みもあります。DINKSの場合、後者がより重要です。

ＤＩＮＫＳの場合、稼いだお金で日々の生活がまかなえれば、あまり予算を厳しく管理しないものです。私も子どもが生まれるまでは長く夫婦二人で暮らしていて、食事も日用品もクレジットカードから引き落とされる各種サービスも、ほとんど無条件で欲しいものや食べたいものを選んでいました。今では考えられませんが、しばしば夜の12時にバーに入り、値札を見ずにお酒を飲んだものです。

結婚してから何年かたち、また夫婦の年収が結婚当初より少し上昇している場合、特に家計はゆるみがちなので、まずは家計簿をつけて現状把握することが必要です。特に夫婦で家計簿をつけることが、ＤＩＮＫＳにとっては重要です。

本当に必要な支出は何か、無駄金となっている支出はないか、夫婦で自問自答しましょう。「飲み代はまったく削らないが、終電後のタクシーは禁止」というルールだけで月に２万円以上削れることもあります。

チェックの積み重ねを続けると、年収の15～20％を貯められる余力が生まれる可能性があります。生活の満足度は落とさず、ムダな支出を省くという観点で貯蓄余力を見つけてみてください。

キャリアプランは積極的に

キャリアアップに積極的に取り組みやすいのはDINKSのメリットです。特に「子どもという制約から自由な立場であることを最大限に活かしたいものです。

子育てにより失う女性の賃金差は生涯で８５００万円にもなるという試算があります。また、子育ては「移動」の制約でもあります。子どもが保育園や小学校に通っている場合、勤務地を大きく移動してキャリアアップに挑むことにためらいが生じたりします。

その点、ＤＩＮＫＳは二人の生活さえマネジメントできれば、引っ越しも容易です。単身赴任になったとしても、数年程度であれば「長い人生の中で、そういう時期もあるよ」と夫婦関係のアクセントとして受け入れることもできるでしょう。

仮に40歳の段階で、夫婦合わせて年収１００万円の増加を勝ち取れたなら、これは60歳まで２０００万円あるいはそれ以上の収入差を得るということです。年収が増えれば貯蓄余力も増えますし、退職金の計算基礎にも国の厚生年金の計算基礎にもプラスに働きますから、生涯を通じてさらに経済的安定を確保することにつながります。

同じ会社に勤めながらのキャリアアップも、転職を通じてのキャリアアップも、状況に応じて選択しやすいのはＤＩＮＫＳならではです。ぜひ取り組んでみてください。

DINKSは絶対に家を確保しておく

次のマネープランは**「住宅購入」**です。そこにはDINKSならではの注意点があります。DINKSの場合、**気軽な身ということもあって生涯賃貸派を考える人が少なくありませんが、リタイア時点で家を取得することは考えておくべき**だと思います。

家は資産となるため、どちらかに先立たれたあとに売り払えば老人ホームに入る原資にもなります。また、生涯賃貸派でいることは、老後に向けた準備金を3000万円アップさせるようなものです（月10万円の家賃で老後を25年とすれば3000万円もの家賃が老後にかかる）。ただでさえ多めの老後資金準備をしておきたいDINKSが、さらに目標額を3000万円増やすというのはやや非現実的です。それよりは計画的に住宅ローンを返済し、リタイア時点では持ち家を確保しておくほうがいいはずです。

一方でDINKSの住宅購入には難しい点もあります。住宅購入を考えるとき、ついついハイスペックの物件を選びたくなってしまうことです。子育て世帯と比べると高予算が設定しやすい分、ロケーションを東京23区内あるいは湾岸エリアだけに限ってしまったり、新築以外を候補から除外してしまいがちです。また調度品をひとつひとつ高品質なもので固めたくなることもあり、相当な予算の違いが出ることもあります。

このライフスタイルはDINKSの特徴ですが、家計を考えると大きな違いです。3000万円の物件をローン込みで4000万円返し、入居時の調度品に400万円をかけたファミリーと、6000万円の物件をローン込みで8000万円返すうえに入居時の調度品は800万円以上かけたDINKSとで、負担は2倍、4000万円以上の高額出費になることも実際にあります。これではどんなに稼いでもお金は残りません。

DINKSの家選びと調度品選びについては、少しミニマリズムを追求するくらいがいいと思います。夫婦の合計所得で購入できる上限を考え始めると相当高額な物件に手を出すことになりますが、「少し狭いくらいがいい」「中古も築浅なら考慮に入れる」「家具は最低限度にする」のような選択肢を入れることで物件の値段や入居時費用を低く設定できると、ローンの総返済額が減少するだけでなく、その分が老後の余裕を作る資金源になり得ます。

老後のための貯金をハイペースで実行する

そのうえで取り組むべきは、貯蓄残高の上積みです。がんばるだけ、老後の余裕資金が増えます。私たちの生存率を考えれば、老後を迎えた夫婦は、平均で20年、30年くらいセカンドライフを過ごすことになります。

すでに説明したとおり、ダブルで厚生年金、ダブルで退職金があることは老後の準備ゼロとなっていない点で福音ですが、それ以上にお金を貯めておくべきなのがＤＩＮＫＳです。

言い換えれば貯めれば貯めた額だけ老後も豊かに楽しめる、ということです。仮に２００万円上積みできれば「年１回10万円の旅行×20回」が老後に追加できることになりますし、さらに２４０万円上積みできれば「公的年金や退職金以外に、老後に月１万円×20年使う自由なお金」が増えることになります。

まず、利用したいのは**iDeCo（個人型確定拠出年金）**でしょう。会社に企業型確定拠出年金がなければ、ｉＤｅＣｏに加入して積み立てをスタートさせてください。これ以外であれば、**つみたてNISAの制度を活用するのと、財形年金制度（会社にある場合）の制度を活用する**ことが効果的です。詳しくは11章をご覧ください。

仮に年40万円ずつ20年間積み立てし、年４％の利益が得られれば、60歳時点で１２２６万円になります。夫婦合計なら２４５２万円です。ｉＤｅＣｏも２口座、つみたてＮＩＳＡも２口座、財形年金も２口座、満額で積み立てられれば、合計４４２５万円ほどを見込めますから、退職金や公的年金収入と合わせればかなり余裕のある老後を過ごすことができるでしょう。使える制度はできる限り上限いっぱい使って、老後のお金を貯めておきたいものです（図９－１）。

9-1 DINKSは資産形成意識を高く持ちたい

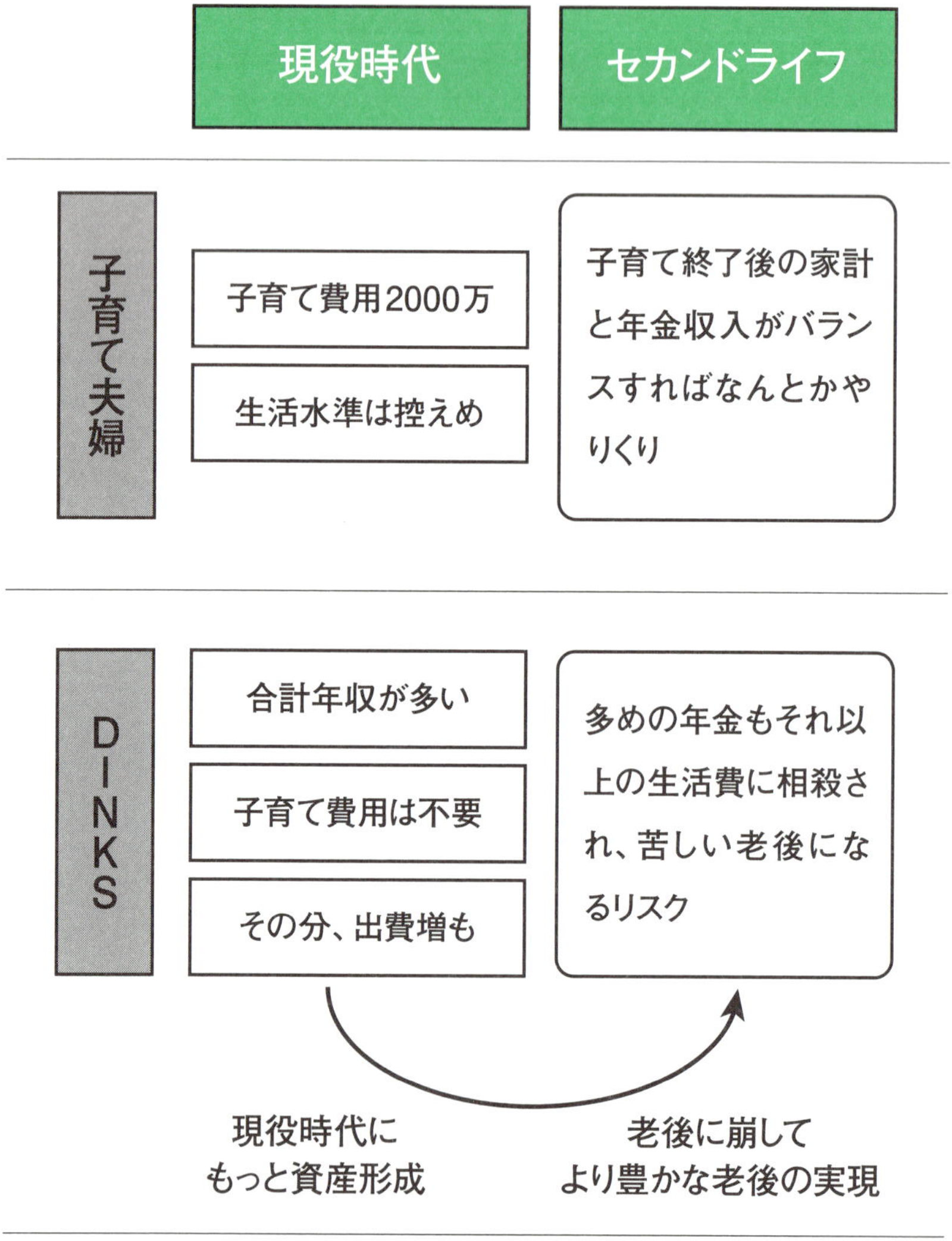
現役時代
セカンドライフ
子育て夫婦
子育て費用2000万
生活水準は控えめ
子育て終了後の家計と年金収入がバランスすればなんとかやりくり
DINKS
合計年収が多い
子育て費用は不要
その分、出費増も
多めの年金もそれ以上の生活費に相殺され、苦しい老後になるリスク
現役時代にもっと資産形成
老後に崩してより豊かな老後の実現

Chapter 10

共働きの
学費準備術

Chapter 10 ポイント

1. 高校と大学の学費は7年間で約1000万円かかるといわれる。共働き世帯は、学費を稼ぐために子どもが入学したらパートに出るという選択肢が取れないため、あらかじめ教育費を準備しておかなければならない。

2. 将来必要になる学費は、子どもが未就学から小学校の間に計画的に貯めておこう。児童手当をすべて積み立てていくのも有効な手段で、実行すると子ども一人あたり約200万円の資金ができ高校と大学の入学金が貯まる。

3. 子どもが二人以上いる場合は、その年齢差に注目。3歳差だと、下の子が高校入学の年に上の子も大学入学になるので、1年で336万円ほど必要になる。さらに計画的な準備を。

共働きが使えない唯一のカード「学費のためにパートに出る」

すでに共働きであることがウィークポイントになる？

この章では共働きの子育てについて、特に学費準備について考えてみます。共働き世帯が子育てをするとき、余裕はないとしても毎月の家計はなんとかやりくりするものです。特に二人とも正社員で合計所得が８００万円以上あれば、日々の食費が捻出できないということはありません。

しかし、学費の問題は別です。**子どもの学費を着実に貯める夫婦とまったく貯められない夫婦がいますが、それは世帯年収にあまり関係がない**のです。

まず、共働きにとっての最大のウイークポイントから考えてみます。実は学費準備において最大のネックは、「すでに共働き」であることなのです。

会社員と専業主婦の世帯では、「子どもが高校生になったので、私もそろそろパートに出ることにします」という選択がしばしば取られます。「学費等で年80～100万円は出費が増える年に、妻が働きに出ることでそのほとんどすべてを補ってくれる」というのは、世帯年収にとっては強力な援軍です。

ところがこのカードを共働き夫婦は使えません。すでに夫婦それぞれが働いていて、できる限りの年収を稼ぐ状態を達成してしまっているからです。子どもが高校入学するからといって100万円年収を増やす、という考えは現実的にはほぼ不可能でしょう。

支出が増えるタイミングに収入も増える、というのは前世紀の賃金モデルが指向していた仕組みですが（子の誕生に伴い昇格とは無関係に扶養手当を加算するなど）、今やほとんど見られなくなりました。今の時代の共働きは、共働きである現状を前提に、子どもの学費準備についても計画を立てていくことになります。

10-1 高校と大学の学費はこのくらいかかる

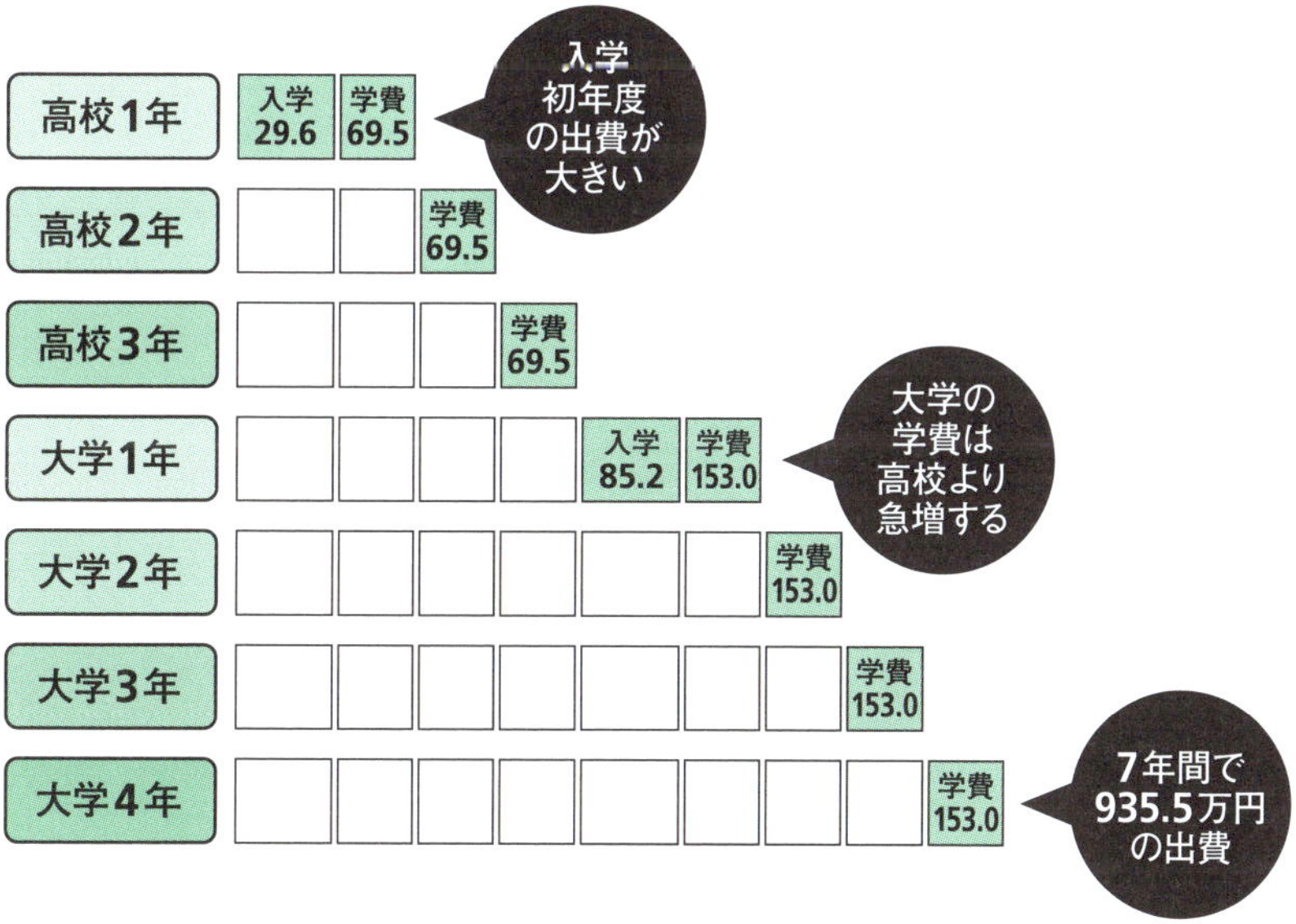

資料:日本政策金融公庫　教育費に関する実態調査(平成29年度)

共働きは子どもの学費準備を計画的に行うしかない

すでに年収を引き上げる余裕がない夫婦にとっては、高校と大学の学費は最大の難関です。

この7年間でかかる費用は935万円といわれます。単純にいえば学費に毎年100万円、入学初年度はさらに入学金に100万円ずつ上乗せされるイメージを持っておくといいでしょう（実際には中学3年生、高校3年生時には塾や予備校のコストが加算され、高校より大学のほうが学費は高くなる）。

これだけの負担増は、その年の年収から補えるものではありません。入学初年度に200万円が必要として、これをその年の世帯年収から負担するのはほぼ不可能でしょう。「共働きを再開して年収を100万円上乗せ」というカードも使えないため、共働き世帯の教育費の基本的考え方は「あらかじめ備えておき、支出が急上昇するときに取り崩す」しかないのです。

大きく分ければ「入学金」と毎年の「学費（在学費用）」をそれぞれ準備しておくのが基本的な考え方です（図10‐1）。

「入学金」についてはできる限り全額を用意しておきたいものです。これに塾や予備校の費用を加えた部分が事前に確保しておきたい最低ノルマとまず設定してみてください。統計調査によれば高校が29万円、大学が85万円、受験および入学金等にかかっています。これに中3、高3でかかる塾や予備校の費用を加えると、最低でも200万円は確保したいところです。

次に「学費（在学費用）」についてですが、その何割かを事前に準備しておくことで、子どもが高校と大学に通う7年間の家計をなんとかやりくりすることができます。統計調査によれば高校が年に69万円、大学が年に153万円、学費としてかかるとされています。仮に半分を貯めていくのなら410万円、4分の1を確保するなら205万円の確保をまずは目指します。準備したお金は毎年取り崩してもいいですが、大学の学費のほうが高いので、高校の学費はできるだけ単年度の家計でやりくりし、貯めておいたお金を大学の学費の支払い負担に充当するやり方のほうがいいでしょう。

いずれにせよ、早めに「○百万円は子どもの高校入学までに用意しておきたい」というイメージを作っておくことです。イメージができれば具体的な目標に取り組む意欲が高まるからです。

子どもの生年月日は学費準備のノルマとゴールをすでに規定している

マネープランにおける子どもの学費問題については、子どもが誕生した瞬間からできる要素がたくさんあります。それは「いつ子どもが進学する年度に到達するか」と「そのとき、いくらくらいかかるか」という予測です。つまり子どもの学費は計画的に備えやすいはずなのです。

子どもの入学年度は基本的に「15歳になる年の翌春が高校入学年度、18歳になる年の翌春が大学入学年度」です。つまり子どもの誕生から15年＋数カ月が高校入学のためのお金を貯めるタイムリミットで、子どもの誕生から18年＋数カ月が大学入学のためのお金を貯めるタイムリミットであることは、子どもが生まれた時点で決まっています。

このタイムリミットは遅らせることができません。子どもの学費準備がまったくできていないからといって、「大学進学は学費準備ができていないから来年」というわけにはいきません。「準備額が足りないから国公立限定で」ということも言いにくいはずです。

そして、目標金額も、統計的におおむね明らかになっています。学費無償化のような議論は行われていますが、平均以上の所得を稼いでいると対象外になる可能性もあり、あまり期待しないほうがいいでしょう。もし無償化されたら、余った額は自分の老後資金にすればよいのです。足りなくて苦労することはあれど、貯めすぎて困ることはありません。

小学校卒業までが学費準備の勝負

タイムリミットが決まっているということは、15年×12カ月（＋数カ月）、もしくはボーナス30回分しか高校の入学までの貯めるチャンスは残っていないということになります。

180カ月、30回のボーナスでもし、「月1・5万円＋ボーナス10万円」を貯めることができれば、これは570万円の準備額に相当し、入学金の全額と、学費相当額の2分の1以上を確保したことになります。これなら高校と大学の入学時点で、かなり余裕のある家計管理が行えるでしょう。まずはこれくらいの「学費準備枠」を設定し、実行していきましょう。

10-2 子ども二人の学費準備

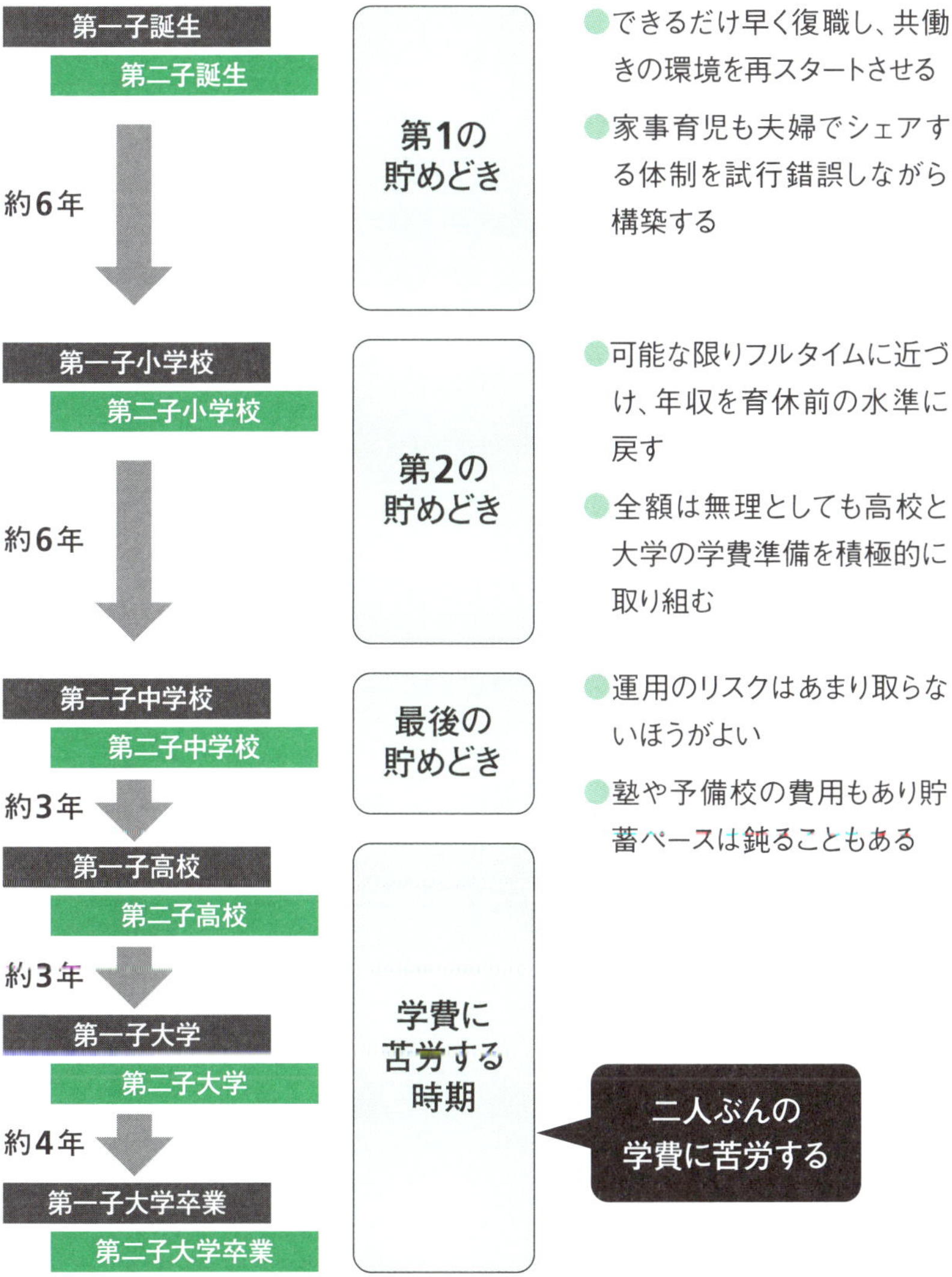

ここでは高校入学時点までを1つのタイムリミットとしています。高校に入学して以降は、学費負担がスタートしますから、大学入学のために貯金をする余力はぐんと下がるためです。つまり、大学の入学金や学費を貯めるチャンスも高校入学まで、というふうにタイムリミットを考えます。

さらに、中学に入って以降は何かと学費負担が増えます。小学校の頃と比べるといろいろなお金がかかり始めるからです。塾の費用なども無視できなくなり、貯蓄余力が落ち始めます。となると、学費の準備については「小学校に入る前（未就学時）」「小学校の6年間」に意識を集中し、早めにハイペースで準備をしておくのが理想的です（図10 - 2）。

児童手当を積み立てると約200万円の給付に相当する

このとき、子どもが生まれると支給される児童手当は、学費準備を行う観点からすればちょうどいい積み立てノルマといえます。子育て費用にそのまま消えていく人が多いと思いますが、これを貯めるとどうなるでしょうか。標準的には以下の金額が支給されます。

・0歳児から3歳未満　月1・5万円

・3歳未満から小学校卒業まで　月1万円（第三子以降は月1・5万円）
・中学生　月1万円
※ただし所得制限があり、高所得者は月5000円。

誕生月にもよりますが、これは約200万円の給付に相当します。児童手当をまったく手をつけずに子ども名義の通帳に入金しておいたら、高校と大学の入学金はここから余裕で出せるわけです。

児童手当を子育て費用に回し、夫婦の家計から月1・5万円を積み立てるのと、子育て費用は夫婦の家計から全額捻出し、児童手当を全額積み立てるのは基本的に同じことです。しかし、「もらったお金をそのまま貯金」のほうがお金を貯める方法としてはシンプルですし、実行も楽です。

ぜひ子ども名義の通帳を銀行で作って、児童手当を積み立てていくようにしましょう。きっと15年後には安心して受験を迎えられるはずです。

子どもの人数によって学費準備の戦略を変えていく

一人っ子は「かけすぎ」に注意

子どもの人数によって、準備を行うための戦略は大きく異なってきます。家庭ごとのスタイルに応じた学費準備の注意点をまとめてみます。

まず**一人っ子を育てている場合、子育て費用については「かけすぎ」が注意ポイント**です。特に共働きで夫婦の合計所得が900万～1000万円以上あれば、子ども一人に相当のリソースを割けますから、気がつけばかなりの金額を注ぎ込んでしまっているということがあります。

・習い事をいくつも通わせる。
・服や食事で高いものをつい与えてしまう。
・塾や予備校に早くからたくさん通わせる。
・小・中学校で私立を当然に考えてしまう。

などは、いずれも子育て費用を高額にシフトさせる要素です。ひとつひとつはたいした金額ではないと思っていると、平均2000万円と指摘した子育て費用の総額はあっという間に3000万円に跳ね上がります。

私見としては、親のほうがそれなりの生活水準に達した30歳代の後半以降に結婚や子育てをスタートすると、最初から子どもの食事や被服費も高いところに設定しがちだと思います。逆に20歳代で子育てを開始すると、もともと生活に余裕がない頃なので予算かけすぎにはならない傾向があるように思います。

例えば、もう一度ファミリーレストランを楽しんでみてください。食べてみると、大学生の頃とはまったく味が進化していて、子どもは大喜びだし、外食予算をリーズナブルにできます。さらにファストファッションを楽しむことも大切です。アウターは高めのもので押さえつつ、インナーはユニクロやGAPをフル活用するとか、ZARAやH&Mを要所要所で活用すると被服費は大きく下がります。これらのブランドはキッズ服も展開していますが、1年たつと買い換えになる子ども服も、安くてしゃれたものを気軽に選べます。

一人っ子の予算については「予算はあるけどワンランク支出は落とす」くらいの感覚を持ちたいものです。

二人以上の場合はダブル進学に注意

子どもが二人以上いる場合、「お金がかかって大変だぞ」という自覚は持っているはずです。子どもが欲しいものは何でも買ってあげる、とか、子どもがやりたいと言ったら何でも習い事をさせてあげる、というようなことはなくなります。

しかし無駄遣いをしすぎないように注意しながら子育てをしても、そう安心はできません。子どもにかかる諸費用は、基本的に人数分倍増するからです。食費や被服費はまとめ買いやお下がりを与えることで、ある程度抑えられるとしても、学費についてはそうはいきません。学費は子どもひとりひとりにかかるお金なので、ほとんど割引がないからです。

子どもが二人なら2倍の学費、三人なら3倍の学費を準備していくのが、子どもが二人以上いる家庭の基本です。これは大変です。しかし先ほどの例では「月1・5万円を月3万円」に、

「ボーナス10万円を20万円に」するくらいのことを考えていかないと、15年後、18年後にもっと大騒ぎすることになります。とにかくがんばるしかないのです。

また、**二人以上子どもがいる場合は、「年齢差」に注目する必要があります。特に3歳差が注意です。高校入学年度と大学入学年度が重なるから**です。

統計調査の結果によると、3歳差の子どもがいる家庭については高校入学29万円、大学入学85万円、高校初年度学費69万円、大学初年度学費153万円となり、合計でなんと336万円が1年で必要になります。さらに二人目の子が高校卒業するまで年222万円かかり、一人目が大学4年の年には二人目の子の大学入学費用と大学学費の合計で391万円がかかるというピークを迎えます。

当然ながらその年の年収で全額まかなえる金額ではありませんから、最初の子どもが中学を卒業するまでの間に、歯を食いしばってでもどんどんお金を貯めていくことが必要です。先ほど中学卒業がタイムリミットとしましたが、二人以上子どもがいる場合は「一人目の子どもの中学卒業」をタイムリミットとして考える必要があるわけです。

そう考えると、相当の余裕がある年収と資産状況でない限り、小学校から二人とも私立に通わせるような選択はかなり無謀であることが分かるかと思います。義務教育の段階ではあまりお受験熱に浮かされないようにしたほうがいいかもしれません。

「いつから私立はアリとするか」は夫婦でコンセンサスを作っておく

ここまでは、平均的な学費問題について説明してきましたが、**私立か公立かによって学費が大きく変わることは誰でも知っている**と思います。

統計調査によれば、私立大学の入学費用は理系87万円、文系93万円、国公立69万円となっていますし、私立大学の学費は理系180万円、文系161万円、国公立108万円となっています。入学金についてはあまり差がないものの、学費については大きな違いです。

また自宅外通学者、つまり遠い学校に通うため部屋を借りて通学する場合は初期費用として37万円、仕送りとして年93万円がさらにかかります。

さらに小学校や中学校、高校を私立とするか公立とするかは別の統計調査をみると、小学校は公立32万円の費用に対し私立は153万円がかかるとあります。同じく中学校は公立48万円のところ私立は133万円、高校は公立45万円のところ、私立が104万円となっています。

高校については受験結果によってやむを得ず私立になることもありますが、義務教育で意図的に私立に通わせれば、年100万円の貯蓄余力がなくなってしまうということになります。

小学校から私立に通わせる場合、やはり中学校も私立になることを想定する場合が多いため、9年間で900万円は多く学費がかかるわけです。

この点についてきちんと負担能力があって、それを夫婦のどちらも納得のうえで希望しているのか、よく話し合ってみてください。

特に夫婦のどちらかだけが私立願望が強く、片方は否定的である場合は要注意です。納得がいかない決断となった場合、その後の16年間を学費負担に追われることになりますが、これが家庭不和の原因になる恐れもあります。家計にとって（これは貯蓄可能かという意味も含めて）無理のない選択をしたいところです。

自分の老後と子どもの学費を天秤にかける

子どもは自分の老後を面倒みてくれないし、頼んではいけない

最後は**「奨学金」**の話です。奨学金というと、学費準備が未達成であったためやむを得ず利用する手段と捉えられがちですが、むしろ前向きに考えてみたいのです。

というのも、時代の大きな変化として、「自分の老後の財源確保」がおぼつかないとき、子どもの学費を無理に捻出し負担してあげることに疑問が出始めているからです。

かつては子どもを大学へ進学させることは、子どもが将来的に自分よりも高い年収を得られる可能性を意味していて、それはつまり老後の自分に経済的リターン（つまり仕送り）を生み

出す「金の卵」でした。明治維新から団塊世代まではその公式がほぼ有効でしたから、頭のいい子は無理をしてでも大学に行かせる価値がありました。

しかし今ではほぼ誰でも大学に行くことができるようになり、また行ったからといって親より高い所得で働けるかどうかは保証されない低経済成長の時代になりました。これはつまり、子どもは親を上回る年収を獲得して、親の老後を経済的に支えてくれる可能性が低くなったことを意味します。

現実問題として手取り20万円台の月収で働く子どもに、老後の生活のゆとりが欲しいからと月5万円の仕送りを要求すれば、子どもの生活は成り立たないばかりか、結婚も孫の誕生も期待できなくなります。親はもう、自分の老後のお金のあてを子どもに頼んではいけない時代なのです。

だとすれば、子どもの学費は無理をしてでも全額出した結果、自分の老後はままならない資産状況になってもいいのでしょうか？　今、「子どもの学費」と「自分たちの老後」を天秤にかける時代がやってきているのです。

教育ローンを借りるのは老後のお金に手をつけること

ここまで「教育ローン」という選択肢を紹介してきませんでした。なぜなら、あまりおすすめできる借金ではないからです。

確かに教育ローンは金利も低く、審査も比較的ゆるい「使いやすい借金」です。子の卒業後まで返済を猶予してもらうような要請もできます。

しかし、教育ローンを先送りする結末の多くは、定年退職時にも完済できない借金が残ることに他なりません。40歳代から50歳代にかけて借りた教育ローンを卒業まで返済猶予すれば、定年退職に返済が間に合わない可能性が高くなります。住宅購入術の章では住宅ローンを退職金で返し終えることのないように指摘していますが、同じことが教育ローンにもいえます。

本来なら老後の20年から30年に使うための退職金を、定年退職日に帳消しにしてしまうのが、教育ローンで資金調達不足の問題を先送りした場合の「ツケ」なのです。

学費と老後準備は同時進行でやる覚悟を

となると、**退職金に支障を与えずに教育資金確保を目指すための結論は、2つの選択肢を加えるということです。1つは「学費準備と老後資金準備は同時並行で行うこと」、もう1つは「奨学金を利用してもらう可能性も残すこと」**です。

まず、「学費準備と老後資金準備は同時進行で行うこと」についてです。

今、共働きしている世帯の特徴の1つは晩婚化と出産年齢の高齢化ですが、これは「子どもが卒業するときの親の年齢の高齢化」も意味します。

団塊世代であれば、二〜三人の子を産んでもまだ30歳の場合がありました。これなら52歳で子どもは全員社会人になり、そこから老後資金準備をしゃかりきになってスタートしても老後には間に合います。一人年100万円以上もかかっていた学費相当分を貯金すればいいからです。年収も50歳代の頃は高いので、ハイペースな貯蓄が実行可能でした。

ところが今の共働き世帯は状況が異なります。平均初婚年齢は30歳近くなっていて、40歳で最後の子どもが誕生することは珍しくありません。40歳で生まれた子どもが大学を卒業するのは63歳のときですから、そのあと老後の貯金をスタートすると、むしろ定年後です。65歳定年の時代になんとか間に合った場合でも貯金する時間は2年しかありません。

ですから今生きている共働き世代は、「子どもの学費の準備をしつつ、自分の老後のための積み立ても行う」ような取り組みが必要になっています。学費準備だけでも大変なのですが、これをやっておかないと、せっかく仕事から解放されて自由になった老後の20年を楽しむ予算が足らなくなってしまうわけです。

2つ目の選択肢は「奨学金を利用してもらう可能性も残すこと」です。

奨学金というと所得が高くない家庭の選択肢、貧困問題の象徴のように考えがちですが、欧米では親の所得と関係なく大学進学費用を自分で負担するという発想があるようです。高校までの費用負担は親の責任かもしれませんが、大学は自分の未来のための投資資金ですから、自分で出すものだという考え方です。

その代わり、欧米では自分たちの老後について子どもに面倒をみてもらうという発想が薄く、引退したら夫婦で南仏あたりに引っ越して、子どもに面倒をかけることなく二人でのんびり余生を送っているケースもあります。もちろん仕送りも子どもに求めません。

もし奨学金を利用してもらうなら、老後の経済的支援は求めない

大学の学費のすべてを奨学金にすることが厳しすぎると考えるなら、学費の一部、例えば2分の1や3分の1相当を奨学金として得てもらうというのはどうでしょうか。特に子どもが二人以上いる場合には、親の人生における老後資金の準備状況が大きく好転してくるはずです。

子どもにとっても、大学の4年間にかかる費用を全額奨学金として卒業後に数十年かけて返済するのは厳しい重荷になりますが、半減できれば早い時期に完済することも可能です。結婚の障害となる心配も回避できるのではないでしょうか。

「大学の学費の半分、300万円くらいなら親ががんばって出してあげたい」と思いたくなるのは親心です。しかしその300万円があれば、老後にできることの可能性が大きく広がります。また、「社会人になった子どもに将来300万円は返してもらおう」とはいきません。子どもに自分たちの老後の家計負担を求めるほうが、むしろ子どもの未来を苦しめる要素になってしまいます。

子どもには「奨学金を利用してもらうが、老後の経済的支援は求めない」ということをはっきり話しておくといいでしょう。それなら子どももきっと受け入れてくれるはずです。

もしセカンドライフをスタートさせたのちに財政状況を点検してみたところ、思ったより余裕があったなら、子どもに数百万円を渡してあげて一括返済をさせてあげることもできます。

子どもに300万円の奨学金を取ってもらうのと、親が全額学費を出して老後に300万円の仕送りを要請するのは、理屈としては同じですが、子どもにとっては同じではありません。むしろ後者のほうがキツいはずです。最初から検討を除外せず、奨学金のことも真剣に話し合ってみてはどうでしょうか。

「……理屈は分かるが、それでも奨学金は利用させたくない」という夫婦は、とにかく学費の準備のため貯金をすることです。それが子どもの未来と自分の老後にツケを回さない方法なのです。

Chapter 11

共働きの投資術

Chapter 11 ポイント

1 投資はギャンブルという考えは誤り。中長期的な視野で賢く投資を行えば、世の中の経済活動に貢献でき、かつ会社員をしながら資産を効率的に増やせる良い手段になる。

2 経済学者のピケティが言っていることはつまり、「投資をした会社員としなかった会社員では、財産の増やし具合に大差がつくことは歴史的に見て確実」と考えることができる。

3 共働き夫婦がダブルで稼ぎ、貯め、投資にお金を回せれば、将来に向けて効率的な資金作りを行うことができる。運用のほか、iDeCoやNISAや財形年金もうまく活用したいもの。

ダブルインカムでさらにお金にも働かせる「トリプルインカム」を目指す

もう1つの収入を加え「トリプルインカム」にする方法は投資

共働きの「ダブルインカム」は、いろいろな意味で強みがあります。そこにもう1つ収入源を加え、より効率的にお金を増やす方法として「投資」という選択肢があります。

投資をするなら、実は共働きのほうが有利です。なぜなら共働きのほうが投資耐性があるからです。この章では共働きがどう投資をしていくべきかという話をしたいと思います。

投資というと眉をひそめる人がいますが、悪いことでもずるいことでもなければ、金持ちしかやってはいけないことでもありません。むしろ適切に投資を行うことで、世の中は良くなり、あなたのお金を増やす第三の力が加わることになります。

投資とは世の中を良くして自分も豊かになること

投資とは、本質的に経済の成長を財産の成長に変える仕組みです。

例えばあなたが企業の株式や債券を買ったとします。その企業はあなたの投資資金によって新しい商品を開発したり、今まで進出していなかったエリアに事業展開することができます。その会社が開発した商品は「今までと同品質のものを安く提供する」かもしれませんし、「今まで世の中になかった、世の中をより便利にする仕組み」かもしれません。

スマホやタブレットの登場で、もはや当たり前の技術になったタッチパネル型の液晶も、実は今世紀に入ってから普及した商品です。高品質かつ低コストで提供できるようになったおかげで、私たちは簡単にコンピューターを操作でき、液晶が存在しない世の中は今では考えられなくなりました。

こうした商品を開発した企業は、世の中を便利で幸せにしただけではなく、企業としても大きく成長します。株式を買っていた人は配当金をもらい、株価が値上がりしていれば売却益も手にします。債券を買っていた人は、約束していた利回りを受け取り、満期時には資金を回収します。

11-1 投資は世の中が成長していくと自分のお金が増える仕組み

- 投資は一部の金持ちのマネーゲームではない
- 投資は、投資した企業が成長し、社会が豊かになり、経済の成長を通じて自らの資産も増やすことのできる仕組み
- 株価の値上がりも期待されるが、約1.5%ともいわれる配当が株主に行われることも魅力
- 会社員は「会社員兼投資家」になっていい

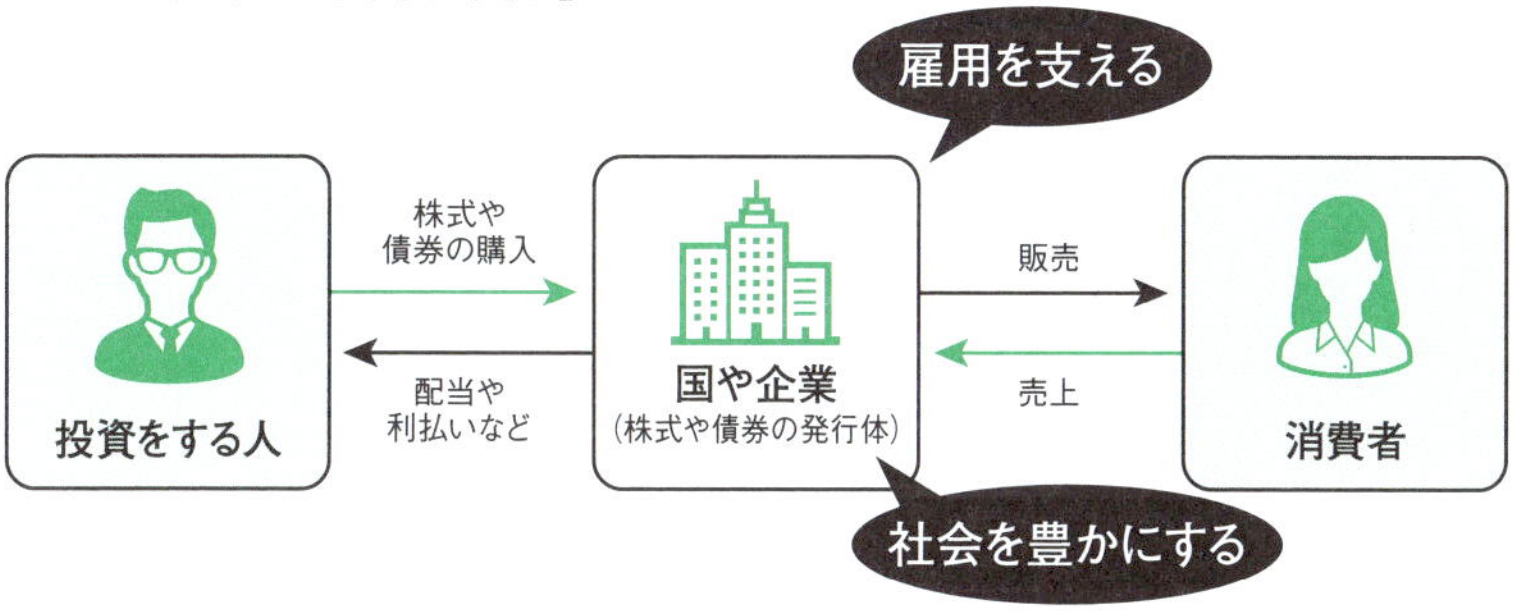

つまり世の中が良くなり、企業が成長し、かつ私たちの財布も豊かになるのが投資の本来あるべき姿なのです。

そもそも会社員として働くということは、株式会社に勤めているということです。非上場企業もたくさんありますが、株式会社であれば経済活動の一部が従業員の給与となっています。つまり投資家は、働く人ひとりひとりを支える役割も担っているのです。

「投機」的に株を売買する人も確かにいます。企業の成長に要する時間など無視して、5分前と今との価格差だけで儲けるようなケースですが、それは本質的には投資ではなくギャンブル的

なお金の増やし方です。そんな利那的なやり方ではなく、中長期的な視野で「投資」を賢く行えれば、私たちは仕事をしながら投資も同時に行い、お金を増やしていくことができるのです（図11－1）。

会社員は働きながら投資をしてもいい

会社員は投資をしてはいけないイメージがありますが、そんなことはありません。上場企業の社員は、自分の会社の未公開の決算情報や、取引先の秘密情報にもとづいた売買はＮＧですが（インサイダー取引）、特に制限をされていない限り、株式を保有したり投資信託を通じて投資をすることは会社員でも可能です。

会社員として働きながら投資をすることの意義は、より効率的にお金を増やせることにあります。今は超低金利の環境が続いており、１万円預けても３００万円預けても金利は変わりません（かつてはスーパー定期の特別金利が高額預金者には設定されていた）。１カ月預けても10年預けても、金利は変わらない状態にあります（預ける期間が長いほど金利がたくさんもらえるのは預金の原則だが、今はそれが崩れている）。

しかし、株式の配当や債券の利回りはもっと高いと知ったらどうでしょうか。**投資をしてく**

れた人に、その投資額に応じて一定率の配当を行ったり（株式）、あらかじめ約束した利払いを行う（債券）というものですが、株式の配当利回りは株価の1・5％くらいになりますし、債券の利回りも0・05％（個人向け国債の場合）から0・3％前後（ＡＡ格付け社債残存年数10年の平均）など、幅はあるものの定期預金の金利を大きく上回ります。

今までは、会社にお金を貸して利息を受け取る銀行等が会社の主要株主にもなって、配当ももらっていました。しかし私たちは「会社員兼投資家」になることで、給料をもらいながら、別の会社から配当をもらう立場になることができるわけです。

利率0・01％の定期預金に何十年も積み立てても お金はほとんど増えない

リスク資産は値動きをしますが、20年の積み立て投資を行えば、元本割れする可能性はほとんどゼロになるという試算もあります。高いリスクを取っていない国の年金運用でも、今世紀に入ってから年3％近い運用成績を獲得しています。

仮に利率が年0・01％であった場合、22歳から60歳まで毎月1万円を積み立てても、元本456万円は456万9000円にもなりません。ところが年3％の利回りを獲得したとすれば、

11-2 運用の差は未来の差になるかも

- 大流行したピケティの「r>g」は富裕層と会社員の格差問題だけではない
- 同じ会社員でも「投資をした人」と「投資しなかった人」には経済格差が生じうる

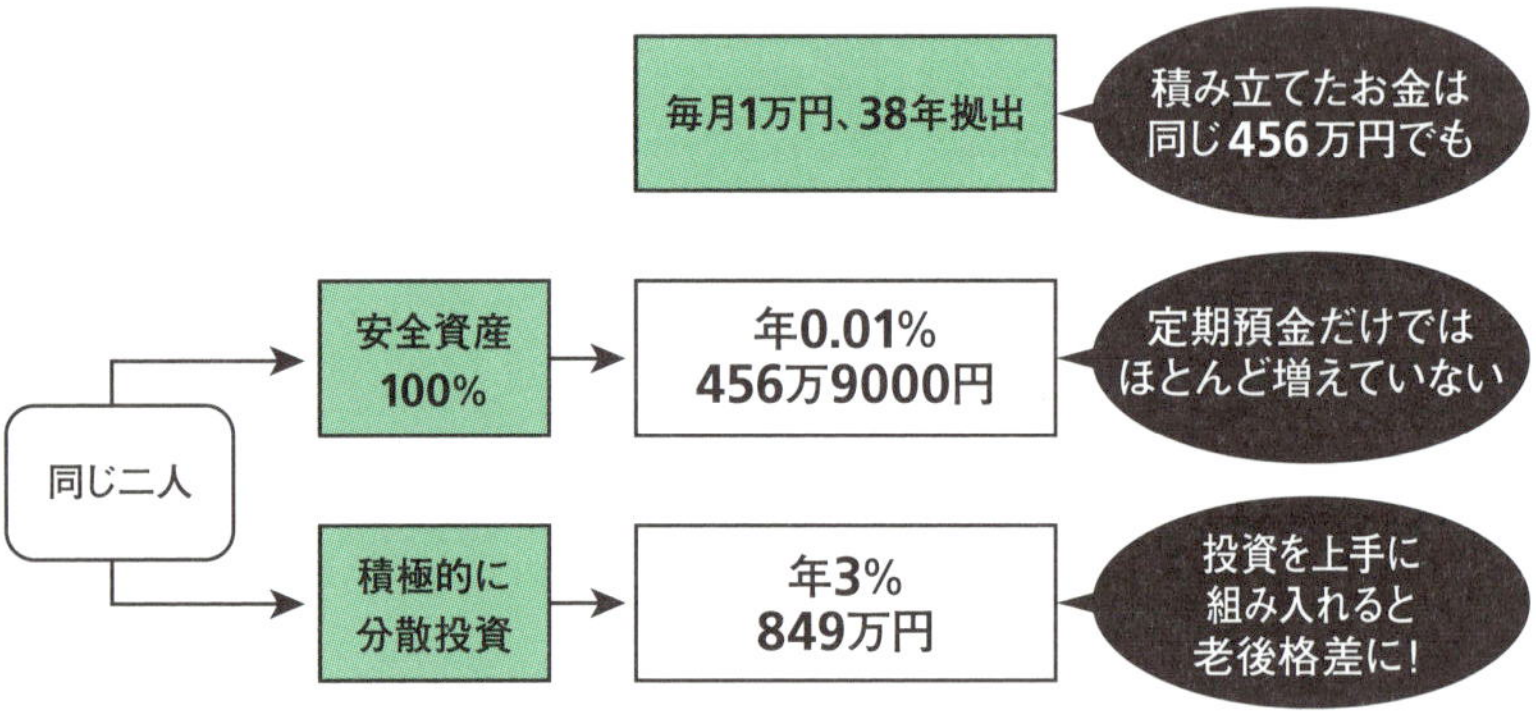

60歳での受取額は849万円まで差が広がります。

同じ仕事をして同じ給料をもらって、同じ額を積み立てていたはずが、退職後のお金の差は約2倍、400万円の差になるわけです。この差が生まれる理由は、定期預金（おおむね労働者の賃金上昇率に連動する）よりも株式や不動産の価格上昇率のほうが高いからです（図11-2）。

少し前にピケティというフランスの経済学者が提唱した「r＞g」という法則がありましたが、あれは格差問題だけを述べているのではありません。「投資をした会社員と、投資をしなかった会社員はその財産の増やし具合に大きな差がつくことは歴史的に見て確実」と言っているようなものです。

会社員は投資をしてはいけないというのは昔の常識であり、今はむしろ逆で会社員こそ投資をするべきなのです。

ダブルインカムはリスクへの抵抗力がある

本章冒頭でダブルインカムは投資にも向いていると述べましたが、どういうことでしょうか？

投資を行う主体はどれくらいリスクを取り得るか考える必要があります。それは個人でも国の年金運用でも同じです。自分が本来取ってもよいリスクを超えて投資をし運用に失敗したとき、生活が困難になるようなことはやってはいけないわけです。

このとき、**「お金を貯められる立場にあるかどうか」「すでに定期預金等の資産を持っているかどうか」は、リスクを取れる立場にある人の条件の1つ**です。

貯蓄余力があることは、投資においてとても重要です。毎年お金を貯められるということは、長い目で見て投資の資金を追加投入することができるということです。

株というと最初に100万円くらい投入して、売ったり買ったりしてお金を1000万円に増やすマネーゲームのようなイメージがあります。しかしゼロからスタートして、毎月数万円の積み立てを行っていき、元本そのものも何百万円も入金し、そこから得られる運用益も数百万円を獲得するというやり方のほうが、失敗の可能性も低くなります。また、投資の負担（日々の株価チェックなど）も少なくて済むのです。

また、すでにいくらか貯蓄額があることも重要です。お金があればたくさん株が買えるためではなく、その逆で、「定期預金を残しておくこと」が投資の耐性を強めるからです。

どんなにのめり込んだとしても、基本的には投資資金以上の損失を生じることはありません（100万円の投資元本で2500万円売買できるようなレバレッジをかけた場合は除く。レバレッジはかけないほうがよい）。100万円を投資し、値下がりしたとしても、100万円損をすることは実はかなり難しいです。しかし短期的には、数割値下がりすることは含んでおく必要があります。

このとき、財産の全額を投資していた場合、値下がりはそのまま財産の価値減少になります。しかし「一部を定期預金に残しておく」ことができる人なら、財産全体で見たときにそのぶんについてはどんな株価の急落にも影響を受けることはありません。500万円の財産があって250万円投資をした人は、投資した半分は定期預金よりも高い利回りを期待しつつ、残りの半分は何があろうと減らさずにすみ、将来の必要な支出に残すことができるという有利なポジションを取ることができるのです。

ダブルで稼ぎ、ダブルで貯めて、ダブルで増やすのが現代的選択肢

共働き夫婦は共働きならではの利点を活かし、**「ダブルで稼ぐ」↓「ダブルで貯める」↓「投資にダブルでお金を回す」ことにより、将来に向けて効率的な資金作りを行えます。**

また、共働きの場合は役割分担もできます。これから3つのパターンを紹介しますが、「投資担当と貯金担当を分ける」ことも可能です。これもまた共働き夫婦の強みかもしれません。

共働きがもはや働き方のデフォルト設定となりましたが、ダブルインカムから、ダブルインベスト（投資）を行っていくのがこれからの時代のスタンダードになっていくでしょう。

夫婦の投資は3つのパターンから選ぶ
～夫婦ともに株にハマる必要はない

夫婦の投資はパターンを見きわめ、「基本方針を共有する」

夫婦で投資をするといっても、それぞれ好き勝手に株を売買して競争する必要もなければ、運用成績が高いほうが低いほうに自慢するというような殺伐とした投資を行う必要もありません。そうではなく夫婦一体となってリスクをコントロールしたり、運用成績を高めていくような方向で考えるのがいいと思います。

夫婦で投資について、ぜひ話し合ってみましょう。このとき、「投資は悪いことではない」という点はコンセンサスを得ておきたいところですが、「どれくらい投資をするか」と「どちらが主に投資を担当するか」についても意見交換してほしいと思います。

まず「財産のどれくらい」「毎月の貯蓄額のどれくらい」を投資に回すのが適当かを相談します。投資は高い利回りを期待できますし、長期的に続けていくことができれば経済の成長がある限りプラスになる可能性のほうが高いものです。しかし元本割れの可能性を考慮し、「夫婦の財産の半分以上は定期預金に残しておく」というような判断をすることは考えておくべきです。また子どもの学費のように近い将来使うことが確定しているお金も投資に回すのはあまりおすすめできません。

投資を積極的にやりたいほうも、どちらかといえば消極的なほうも、まずは「投資の割合」について話し合ってみましょう。

次に、夫婦で投資について「向き不向き」があるならこれも話し合います。興味や関心がないことに時間を使うのはしんどいことです。無理をして苦手な投資をする必要はありません。たいていの場合、夫婦どちらかは興味があると思いますので、興味や関心がある人が投資の主担当になればいいのです。双方共に興味関心がある場合はその程度に応じて投資の主担当と副担当に分けてもいいでしょう。

それでは、共働き夫婦の投資パターンを3つご紹介します。

パターン1 夫婦が投資と貯蓄を完全に分担する

夫婦が「投資と貯蓄を完全に分担する」というパターンでは、それぞれが自分の資産形成を行う枠を持つことになり、「貯蓄のみ担当」と「投資のみ担当」と分担します。

基本的に、夫婦の片方が「投資に興味がない」という場合は、このパターンを選ぶとよいでしょう。あるいは「自分の財産については投資を積極的にやりたい」という人が相手に許可を求めるような場合もこのパターンになります。

誰にも得意不得意や向き不向きがあるので、役割を分担すればいいわけです。知識やリソースも「投資のみ担当者」に集中させればよく、夫婦が二人とも投資の勉強をしたり投資のやり方で頭を悩ませる必要もなくなります。

投資担当者は自由に投資をするのではなく、金額ベースで投資の割合が偏りすぎないよう注意します。例えば妻は年50万円貯金し、夫は年60万円貯金をしていて、全額夫が投資をしていると夫婦の共有財産は約55％が投資されていることになります。夫婦としてちょっと割合が高すぎると思うのであれば、夫は「定期預金年24万円、積立投資が年36万円」のように、一部定期預金を保有してバランスを調整するのです。投資をしない人のOKをここまでもらって投資をするようにします。

しかし、このパターンのもったいない点が1つあります。「一人1口座しか作れない優遇税制のある投資枠」は一人分しか使えないということです。投資をするならぜひ使いたいiDeCo（個人型確定拠出年金）やNISA（少額投資非課税制度）は、一人1口座しか開設できないうえ、積立上限枠があります。できれば夫婦がそれぞれ開設し、夫婦で2つずつ口座を持ちたいところです。

パターン2　夫婦がそれぞれ投資と貯蓄をどちらも行う

次は、夫婦がそれぞれ投資も貯蓄も行うパターンです。夫婦どちらも投資に少なからず関心を持っているなら、どちらも投資を行ってかまわないのです。大事なのは、夫婦間でお互いの投資方針にそれなりの共有や承認がなされていることです。

妻はインデックス運用で、世界の経済の平均的成長が運用利回りとなればいいと考えていたら、夫は知らないうちに個別の株式に投資をしており、しかも信用取引（資金の3・3倍まで株を買える）を行っていたところ、アテが外れて大きく値下がり、なんてことは避けたいものです。

また、投資割合（あるいは投資金額）についても夫婦でコンセンサスは作っておくことが必要です。夫婦どちらも年40万円の貯金をしているが、夫は全額を株式投資に回し、妻は年20万円しか投資をしていないような資産配分も考えられますが、お互いがそれを把握していないのはまずいです。

一方で「私は投資に興味がない」と思っていても、会社の退職金制度の一部ないし全部として確定拠出年金（企業型）を実施している場合、これは個人に帰属する仕組みなので、会社内で研修や情報提供を受け、自分で投資判断をするほかありません。自宅からログインして配偶者の意見を聞きながら運用指図することは可能ですが、関心がなくても投資と向き合わざるを得ないことがあります。

夫婦それぞれで投資口座を持つことのメリットとしては、税制優遇のあるiDeCoやNISAの活用がダブルでできることです。積み立てペースも早めることが可能になります。

また、いつかは夫婦のどちらかが先立つわけですし「私はお金のことはまったく分からないので相方に全部任せておく」という考え方はしないことをおすすめします。その点でも夫婦ともに少額でもいいので投資をしてみることが理想的です。

パターン3　夫婦がそれぞれ投資も貯蓄もするが方針を変える

投資といってもいろいろなやり方があり、むしろ「投資の方針については夫婦それぞれでスタンスを別にする」パターンも考えられます。そのほうがリスクの分担として最適化されるのであれば、「夫の投資方針は攻め、妻の投資は保守的」という分担方法があってもいいわけです。

例えば、男性は個別株の投資についても取り組む積極的なリスクの取り方を行う一方で、女性はマーケットの平均的利回りを確保できれば十分と考え、インデックス運用で国内外の分散投資を行う、というような棲み分けが考えられます。**夫婦間で分担するとすれば、「分散投資か個別投資か」「インデックス投資かアクティブ投資か」というのが基本的な考え方になります。**

インデックス投資は、インデックスつまり株式指数などの平均とほぼ同じ運用をする仕組みです。例えばＴＯＰＩＸで運用をする方針の投資信託を買うだけで、東証一部上場企業のすべての企業にまんべんなく投資をしたこととほぼ同じ運用成果が得られます。投資の方法はきわめて単純でかつ確実に平均値を獲得できます。毎日株価をチェックするような手間ひまも不要になります。インデックス投資は分散投資そのものです。また運用にかかる費用も低く抑えられます。

世界中の株式指数の平均に連動するような投資信託もあり、これを1つ買うだけで私たちは世界中の経済成長の平均値を簡単に運用益として手に入れることができるわけです。

これに対し、何らかの着眼点をもってインデックス以上の運用成績を目指すのがアクティブ運用というスタイルです。個人が個別株式を数社だけ選んで購入するのもアクティブな運用方法の1つです。うまくいけば平均値に勝てますが、手間ひまがかかり、少なく絞り込んだ企業に不祥事や業績低迷があれば平均値を大きく下回るリスクも抱えます。投資信託でアクティブ運用の商品を選ぶと、相対的にはインデックス運用より割高な手数料率になります。

普通の会社員が投資を資産形成のエンジンに組み入れるのであれば、夫婦ともにインデックス運用でも十分です。しかし投資に強い関心があるなら、夫婦のどちらかが個別株の投資にチャレンジしてもいいでしょう。ただし夢中になりすぎて仕事や家事育児がおろそかにならないようにしてください。

ところで、ここでは例えで「男性は投資に積極的」「女性は投資に保守的」というモデルを示しましたが、向き不向きは性別には関係ありませんから、逆でもまったく問題ありません。ただし投資の方針を夫婦で共有するという考え方は大事にしてください。

夫婦で1つのポートフォリオを管理する

まずは口座開設してみよう

基本的なルールが見えてきたら、まずは証券口座を開設してみましょう。ほとんどすべての手続きがネットで完結するネット証券の口座開設をおすすめします。株といえば営業マンが怖いイメージがありますが、ネット証券は無店舗型で営業マンがほとんどいないため、セールスの電話の心配が無用です。その点で普通の会社員の投資方法としておすすめできます。

ネット証券の会社はSBI証券、楽天証券、マネックス証券、カブドットコム証券に松井証券を加えたところが大手です。各社とも正直にいってサービスに大差はなく、「ここでしか買えない商品」というのもほとんどありません。手数料競争など先行した会社が1つあると他社も追随するので大きく差が出ないのです。「ここでしか買えない商品」というのもほとんどありません。

むしろ各社のＷＥＢ画面を少しいじってみて、印象や使いやすさを確認してみることのほうが大事です。アプリもあるのでスマホでも少し触ってみるといいでしょう。これから何年も付き合っていくことになる証券会社のサイトですから、知りたい情報が見つかりそうなサイト、レイアウトやデザインが好みに合うサイトを選ぶことが大事だと思います。

証券口座は気に入ったところを1つ作れば十分ですが、複数開設をしてあとから最終決定してもかまいません（使わない口座は残高ゼロでもＯＫ）。もちろん、夫婦が違うところで開設してもかまいません。

口座開設に当たっては免許証をカメラ撮影してメールしたり、マイナンバーのコピーを送る必要があります。手続きは少し増えますが、このあと説明するＮＩＳＡ口座は同時に開設しておきましょう。

ｉＤｅＣｏもおすすめしますが、前述の証券会社の中ではＳＢＩ証券、楽天証券、マネックス証券、松井証券が提供しています。またｉＤｅＣｏは口座開設をすると数カ月後に積み立ても自動スタートし、「とりあえず口座だけ作る」ことができませんので注意してください。

投資信託を使ってお金を増やしてみよう

投資方法については「投資信託」の活用をおすすめします。すでに言葉自体は何度か登場してきましたが、投資信託とは普通の個人が投資を行うためにとても便利な仕組みです。ひとりひとりの少額の投資資金を大きくとりまとめ、投資信託の運用会社が国内や世界中に分散投資を代わって行ってくれるものです。運用成果はすべて（プラスもマイナスも）私たちに還元されます。投資信託は、投資の条件があらかじめ開示されています。例えば、

- **どんな対象に投資をするか（国内のみか国内外か、株式か債券かなど）**
- **運用方針はどうか（インデックス運用かアクティブ運用か）**
- **手数料はどれくらい取るか（購入時、運用期間中、売却時）**

などです。

購入金額は投資信託にもよりますが、ネット証券の多くでは１００円を最低購入額としています。好きな金額を任意に設定することもできます。

毎日の価格の変動は時価で評価され、基準価額という数字で公開されます。「基準価額1万円のときに10万円分買えば、今は基準価額が1万1000円なので11万円まで値上がりしている」という具合で値動きの目安がつけられる仕組みです。追加購入したときはその時点の基準価額にもとづき何口買ったか計算されます。

投資信託は情報開示の体制も整っており、運用の報告が随時行われます。またあらかじめ約束した以上の勝手なことはできないルールなので、「大もうけできたので利益の一部を隠しておこう」とか「最初の方針を変えて勝手に売り買いしてしまおう」ということをされる心配はありません。お金も信託銀行に預けられているので、投資信託会社が直接触ることができないほどです。管理体制もしっかりしています。

投資信託にはいろいろ種類がありますが、まずは運用の手数料が低いものを選ぶといいでしょう。販売時の手数料はゼロ（ノーロードという）、運用期間中の手数料（運営管理費用ないし信託報酬という）は年率0・5％以下に抑えます。ネット証券のWEBでフィルタリングしてみて、残った中から選べば、選択肢がたくさんありすぎて困るということはないはずです。

投資対象については、「国内株式に投資するインデックスファンド」か「国内外に投資するバ

ランス型ファンド」を選びます。国内株で運用するインデックスファンドは、日本の株価水準そのものがあなたの投資成績を決めるものです。バランス型ファンドは1つの投資信託で国内株式、外国株式（先進国、新興国）、国内債券、外国債券（先進国、新興国）、不動産投資など幅広く投資をすることができる便利な商品です。1つ持っておくと世界中の株主になって、世界の経済が成長すればどこに住んでいても資産が増やせます（繰り返しますが手数料だけは安いものを選ぶこと）。

いきなり100万円を買う必要はありません。毎月の貯蓄額から投資に回してもいいと考えた金額を「積立投資信託」のコーナーで指定し、ゼロから始めればOKです。

iDeCoとNISA、どう使うか

夫婦で投資口座をどう管理するか考えるとき、避けて通れないのは「一人1口座しか開設できない有利な口座」の活用方法です。ここまでたびたび登場してきたiDeCo（個人型確定拠出年金）とNISA（少額投資非課税制度）は、本人確認をして一人1口座しか持つことが原則許されません。しかしこの口座は税制優遇が強力でできれば作っておきたいです。

●iDeCo（個人型確定拠出年金）

仕組みとしては公的年金制度の一部とされていますが、実態としては民間の信託銀行に管理されている自分の老後のための積立口座です。全額が確実に老後に受け取れる仕組みながら、掛金について当年度の所得税や住民税の課税対象から除外されます。共働き夫婦の場合、20〜30%の税制優遇効果が期待できますが、企業年金のない会社員なら年27・6万円まで積み立てできますから、仮に20%としても毎年5・52万円ずつ節税でき、その分老後の財産が増えたということになります。企業年金のある会社員や公務員の場合は年14・4万円まで積み立てできますが、これでも30%の税率だとすれば年4万円以上の節税です。また、運用の収益、預金の利息も非課税です。

年収と家族構成等によってお得となる実質的な税率は異なりますが、共働きでしっかり稼いでいると30%以上税金を引かれることも珍しくありません。こういう人ほどiDeCoに入って税金の一部を取り戻し、老後の財産に換えたいものです。

ただし、iDeCoについては60歳以降、老後の受け取りのみを条件とすることでこの美味しい税制優遇が利用できますので、注意してください。つまり子どもの学費準備には使えないということです。しかしガマンして老後までお金を繰り越す口座と考えれば、強制貯金枠として最強です。

●NISA（少額投資非課税制度）

NISAには、5年の非課税投資期間を毎年120万円まで投資できる通常の「NISA」と、20年の非課税投資期間があって年40万円までできる「つみたてNISA」の2つの枠組みがあります。運用の収益が非課税（通常20％課税）になるのが大きなメリットです。

NISAは株式や投資信託など幅広く購入の選択肢がありますが、つみたてNISAは金融庁が定める一定のガイドラインをクリアした手数料の安い投資信託等のみが購入対象です。またその名のとおり「積み立て」を原則としており、定期的な購入をすることとしています。なおNISAとつみたてNISAは同じ年に同時開設できず、1つしか利用できません。

どちらを使うかは難しいところですが、一般の家庭の新規口座としてはつみたてNISAがいいと思います。つみたてNISAの場合、最大でも150本程度しか選択肢がなく、何千本もの選択肢から何を買うか選ぶNISAよりシンプルですし、このガイドラインは「個人投資家が損をしない」ためのルールとなっているので大きな外れクジを引く心配がありません。

特に手数料が安いものしか買えないのは大きなメリットです（不思議なことに、投資では「手数料が高い＝高品質」とはいえないからです。高い手数料の投資商品が高い利回りを保証してくれるわけでも、元本割れしないことを約束してくれるわけでもないので、手数料が安い商品を選ぶのは重要な条件です）。

個別の株も行いたいという場合は、つみたてＮＩＳＡでは購入できないのでＮＩＳＡを選ぶしかありません。いずれにせよ、普通に証券口座で投資をするくらいなら証券会社にＮＩＳＡ口座を作ってまずはその範囲で売買したほうがいいでしょう。

●財形年金

財形年金は残高５５０万円まで利息が非課税になる社内積立制度です。給与天引きで積み立てが行われます。上限いっぱいで60歳を迎えるようなペースで積み立てておくと、相当の老後資産形成になるはずです。フル活用すれば夫婦合計で１１００万円の定期預金を準備することになります。

11-3 iDeco?　NISA?　比較ポイントはここ!

制度名	NISA	つみたてNISA	iDeCo	財形年金
利用範囲	20歳以上なら誰でも利用可		2017年1月より、20歳以上60歳未満なら誰でも利用可能に	財形制度のある会社員や公務員が利用可
年間拠出額	年120万円	年40万円	立場により異なる（年14.4万円～年81.6万円）	（自由）
拠出累計の上限	元本600万円（5年累計）	元本800万円（20年累計）	上限なし	元利550万円（財形住宅と合算）
商品性	リスク性商品のみ（株式、投資信託等）	一定要件を満たすリスク性商品	安全性商品、リスク性商品のどちらも選べる	基本的に預貯金
税制優遇	課税後拠出 譲渡益非課税 受取時課税なし		掛金は非課税（所得税・住民税軽減）、譲渡益非課税 受取時課税（退職所得控除等が適用され軽減）	課税後拠出 利息非課税 受取時課税なし
解約条件	期間内いつでも解約可能 ただし、売却チャンスは一度限り		60歳まで原則として解約不可能（老後のための虎の子資産と考える）	5年以上積立 いつでも解約可能だが目的外利用などペナルティ課税あり
	投資期間が5年目の年末まで（ロールオーバーし10年目まで繰越可能）	投資期間が20年目の年末まで継続できる	何度売り買いしても税制優遇が続く	

非課税という大きなメリット

ｉＤｅＣｏとＮＩＳＡ、財形年金には大きなメリットがあります。**運用収益や利息が課税されない**ことです。運用収益には20％課税されるのが原則ですが（現在は復興特別所得税が加算されて、20.315％）、もしこの課税がないままに利益をさらに残高に上乗せしつづけたとしたら、将来の受取額には大きな差が出ることになります。

仮に、40歳から60歳まで月1万円をｉＤｅＣｏに、月1万円をつみたてＮＩＳＡに積み立てるとします。どちらも投資をして年３・５％を確保したとすれば最終受取額はｉＤｅＣｏとつみたてＮＩＳＡで合計６９３万円が獲得できます（元本４８０万円）。しかもｉＤｅＣｏを活用したことで20％の所得税・住民税が減少したとすれば軽減分は69万円ですから、実質負担は約４１０万円でこの合計額を準備できたことになります。

ちなみに、３・５％の利回りに20％の税金が引かれたとしたら60歳時点の受取額は52万円ダウンします。なんと所得税や住民税がかからず、運用益の非課税効果も得たことで合計１２０万円も税金を払わずに済んだということになりました。

税制優遇があるということはそれくらい「美味しい」ことなのです。

基本的には、ｉＤｅＣｏとつみたてＮＩＳＡを開設しておくといいでしょう。ｉＤｅＣｏはできれば月１万円以上で上限いっぱい、つみたてＮＩＳＡも月１万円以上を設定して投資してみてください（図11-3）。

投資が「仕事」と「家族」の時間に食い込まないように

共働き夫婦が投資をする際に、もっとも重要なのは投資の運用利回りを高めることではありません。高い利回りを求めて投資を取り入れているはずなのにおかしな話のようですが、**より重要なのは「仕事や家庭に支障が生じることなく、投資が続けられること」**です。

投資を始めたはいいが、株価の値動きが気になって毎日Ｙａｈｏｏ！ファイナンスをチェックしている人がいますが、これでは仕事が手につきません。プライベートの時間を削って投資に血道を上げる人もいますが、これも夫婦関係や家族関係に支障をきたします。

あまりにも短い時間で利益を出そうとすること、過剰に高い収益を獲得しようとすること、どちらも投資ではなく投機（ギャンブル的）であり、無理に共働き夫婦がやる必要はありません。

そういう投資はやめて、世界中に分散投資された投資信託を１つだけ持っておき、中長期的な経済成長を自分の利回りにするような仕掛けとしておけば、仕事の合間やプライベートの時間を削って手間ひまをかける必要もなくなります。

個別株を買う場合にも、少なくとも半年以上は持ち続けてもいいと思える会社を選びましょう。どんな会社でも事業を計画してから結果が出るまで数年かかるものです。株価にも結果が出るまで時間を与えてあげてください。それが共働き会社員夫婦の投資スタイルだと思います。

夫婦の財産全体で1つのポートフォリオという発想で見ていこう

投資といえば、とにかく「投資資金内での勝ち負け」ばかりを私たちは気にします。「100万円株を買ったら半年で120万円になった」というのはまさに投資部分しか見ていない典型です。

しかし投資を全体で考えるという発想に立てば、「資産300万円のうち100万円株を買って、全体で320万円に増やした」というのが正解です。

仮に夫が投資担当だったとしたら、これは妻の財産が考慮されていないわけですから、さらに全体を見る必要があります。つまり「夫婦の財産600万円のうち100万円を投資し、夫婦全体で620万円に増えた」ということを考えるべきなのです。

貯蓄状況について夫婦が情報共有できるようになったのであれば、年末に証券会社の時価残高についても開示していきましょう。**「投資口座に入金した金額」と「投資口座の時価残高（例えば年末の）」を貯金額と同様に把握すればＯＫ**です。これだけで「夫婦のポートフォリオ」として投資を位置づけられるということになります。

一時的な値下がりは気にしなくてＯＫ

リスク資産の部分については定期預金より高い利回りを目指しているわけですが、タイミングによっては下がっていることもあります。一時的には20～30％の値下がりもあるでしょう。しかし長い目で見ればこういうときに売ってはいけません。損をした投資から回復をしたければ、もっと値下がりしたときに買い直さなければいけませんが、ほとんどの人にはそういう勇気が出せないからです。

投資でマイナスになっているといっても、売り払っていなければ「時価」が「購入価格」より下がっているだけです。経済が回復するとこのマイナスは縮まっていき、プラスに戻ります。何もしなくても損が消えて儲けに転じることがあるわけです。

また、**積み立て投資を設定した場合は、株価が下がっているときに中断しないようにしましょう**。むしろそういう時期に投資を続けておくと「安い時期にたくさん買っておいた」ということになり株価が回復したとき大きく利益が出ます。

夫婦で運用状況を管理することはとても大切で、できれば年に1回は貯蓄の残高推移を確認するタイミングで投資残高の推移についても共有しておくといいと思います。その際、一時的に値下がりしているからと相手を責めることのないようにしてください。

最初に言いましたが「長い目でみて、世の中が豊かになったら、私の懐も豊かになって、老後のお金がずいぶん増やせたなあ」くらいが個人のやる投資としてはちょうどいいスタンスなのです。

Chapter 12

共働きの年金受取・リタイア術

Chapter 12 ポイント

1. 日本という国がある限り、年金が破たんすることはない。ただし今後は受給水準が下がる。それでも、どんなに長生きしても死ぬまでずっと払ってくれることを考えれば「いい制度」。

2. 余裕ある老後生活のためには夫婦で3000万円の貯蓄が1つの目標。退職金に加えて、iDeCoなどを利用してプラスアルファで上積みする方法を考えよう。

3. 年金の「繰り下げ受給制度」は、すごい勢いで年金額を増やすことができる仕組み。もし70歳からもらうことにすれば、年金額が42%も増額されて死ぬまでその額をもらい続けることができる。

公的年金は「多くはないが、食うには食える」

95%の確率で老後はやってくる

共働き夫婦がまじめに考えておきたい最後の、そして最大のお金の問題は「老後」です。

私たちは考えているより高い確率で長生きをします。確率論としていえば、夫婦が65歳を迎える確率はほぼ95%です。そして平均余命を見れば二人に一人の女性は90歳まで、四人に一人の女性は95歳まで生きるとされます。

男性が女性より寿命が短いといっても、その差はおおむね5年程度で二人に一人は85歳、四人に一人は90歳まで生きる世の中になっています。さらに日本人の寿命は延びるとされていますから、最近言われる「100歳人生」というのもそれほど夢物語ではないのです。

本書の読者は、結婚をし共働きでずっと働き、子育てに住宅ローンの返済にとお金のやりくりをがんばっているわけです。共働き夫婦こそ、肩の荷を下ろしてセカンドライフを楽しみたいものです。

しかし、現実的にはある程度の備えがなければ、老後の「余裕」は生まれてきません。子どもの学費や住宅ローンは「借金して後で返す」ことが可能ですが、老後のお金はそうはいきません。これから稼ぐ力（つまり「返す力」）がなくなるシニアに、お金を貸してくれるところはもうないからです。ここまで教育ローンや住宅ローンはできるだけ使わないか、定年退職までに返せるよう計画を立てるようアドバイスしてきましたが、老後のお金の準備も方向性は同じです。つまり**「現役時代に先に貯め、老後はそれを取り崩す」「老後に借金はできないし、老後に老後のお金を貯めることはできない」**ということです。

公的年金は「破たんしないが減るは減る」が真実

老後のお金のやりくりを考えるとき、避けて通れないのは公的年金の適切な理解です。

多くの人は公的年金について、「どうせもらえないのでは」と構えているのではないでしょうか。それほどまでに年金不信のキャンペーンのインパクトは強かったからです。

しかし最近は、公的年金の破たんリスクを煽るようなニュースを見かけなくなったと思いませんか？　理由は、追及すればするほど「実は破たんする可能性は高くない」ことが明らかになってきたからです。

2014年6月に厚生労働省は、財政検証結果というシミュレーションを公表しました。いろいろな変動要素が年金制度にどの程度の影響を与えるか試算したものですが、最悪シナリオになったとしても、年金水準は下がっても破たんはしないことが明らかになりました。年金水準の極端な低下も、何もせず無策で放置された場合の試算結果なので、現実性はほとんどありません。そして「日本経済が安定的に成長し」「高齢者や女性が今よりも働ける社会になり」「少子化対策が一定の効果を収める」ならば、年金財政の破たんリスクはほとんどないことが明確になったのです。

公的年金の積立金がなくなると脅した人もいましたが、今では積立金は総額200兆円あります。株価の上昇に伴い運用益もかなり稼ぎました。世界にこの規模の年金積立金があるのは日本とアメリカだけといわれています。この点でも破たんリスクは考えられません。

私たちは厚生労働省の一部の官僚が年金制度を支配していると思っていますが、実は景気の問題も、少子化対策も、高齢者雇用や女性の働きやすい社会作りも、政府の重要課題です。国

がやることをきちんとやっていれば、「年金破たんはもはやない」と考えるのが正しいのです。

ただし、受給水準は下がります。

公的年金については「毎月の給付額」の引き下げが今後実行されていくことになりますが、これはむしろ破たんしないための計画的な政策です（同じことを「破たんしそうなので慌てて改悪した」とメディアが言うので悪い印象になってしまっていますが）。

まず給付額の引き下げについてです。マクロ経済スライドという方策がすでに決定していて、物価が上昇したときに年金額を物価よりは少なく増額することで、長い目で見ると15％くらい減らすことを目標としています。当初の予定では物価が1％上がったら、年金額は0・1％引き上げ、物価が3％上がったら年金額は2・1％引き上げる、というように実施する予定でしたが、なかなか物価が上がらないので（ずっとデフレなので）政策は軌道に乗っていません。しかし確実に水準を調整する仕組みはすでに用意されています。

受給開始年齢引き上げの議論もあります。世界を見れば、すでに公的年金の受給開始年齢は60歳代後半に引き上げが進んでいます。日本でも65歳以降の人が働ける世の中になれば（間もなく実現しそうですが）、年金受け取り開始を66歳以降にすることもできるはずです。仮に行われるとしてもいきなり来年からということはありませんので、そうした心配は無用です。

公的年金は「終身保障」が一番ありがたい

公的年金の水準がたとえ低下するとしても、それでも老後に頼れる存在であり続けるでしょう。**「終身保障」という条件は何物にも代えがたいメリット**だからです。「終身」とは生きている限り同条件で年金を支給し続けてくれる仕組みのことです。

どれだけ長生きするかは誰にも分かりません。「定期預金の残高がなくなったときに、お迎えが来てほしい」と願うのは勝手ですが、そんな簡単に事が運ぶわけはありません。マネープラン上は「長生きリスク」と言わざるを得ないくらい、あまりにも長い老後は経済的不安要因なのです。

例えば65歳から20年の老後を見込んで家計をやりくりし、預貯金をコツコツ取り崩していたのに、85歳になってもまだ元気だったとすればどうでしょう。預金残高はゼロになって途方に暮れてしまいます。一方で、35年の老後を見込むことは堅実かもしれませんが、毎月取り崩していいお金は減ってしまいますから、普通の寿命でお迎えが来ると「もっと使っておけばよかった……」と思うほどお金を残してしまうかもしれません。これはとても難しい計算要素です。

その点で、基本的なセカンドライフの生活費については「無条件で死ぬまでもらえる」という制度があるのは老後の資金計画をかなり楽にしてくれます。そう、国の年金のことです。

国の年金は終身でもらえますが、保険料を納めた金額を年金の支払額合計が逆転したとしても関係ありません。87歳で国からハガキがきて「あなたからもらった保険料分の年金を払ったので来月からは年金はゼロ円です」と告げることは絶対にありません。

私たちが生存し続ける限り、国は無条件で年金を払い続けてくれます。これはすごいことです（自分が支払った保険料以上の年金をもらいたいのであれば、長生きするのが一番です）。**老後の家計においてもっとも不確定なファクターは「何年の老後があるか分からないこと」ですが、公的年金はそうした不安をベースの部分で解消してくれるのです。**

民間で販売されている金融商品では、終身の保障を行うことは難しいです。企業年金制度は終身年金でスタートしたものの、景気悪化や長寿化に対応できず有期年金に変更したり解散しています。民間の年金保険で終身年金をもらおうとすると、現状の金利では普通の寿命まで長生きしても元が取れません。実は国の年金に一番の強みがあるのは「長生きの生活保障」なのです。

国の年金は「つぶれはしない」が「減るは減る」、それでも「死ぬまでずっと払ってくれるなら価値あり」と理解しておくといいでしょう。それくらいが適切な年金制度の理解です。

ダブルインカムでダブル厚生年金が大きなアドバンテージ

2つの収入源を得ているダブルインカムは老後の豊かさにも通じるという話は本書冒頭でも触れましたが、改めて確認しておきましょう。

厚生年金は加入していた年数と、その間の保険料（給与や賞与に比例して納める）で年金受給額が決まります。つまり「長く働き」「たくさん保険料を納めた」人は、たくさんもらえるのです。

パートや非正規の働き方を有利なものと誤解している人が多いのですが、それは目の前の損得だけで考えています。一見すると、健康保険料や年金保険料を負担しないで済むこと、所得税や住民税を納めなくていいギリギリの年収で働いていることが得のように思えるかもしれません。しかし人生全体の帳尻で考えれば、厚生年金保険料を納めたほうが得になる可能性が高いのです。

そして、もうひとつ大きな時代の変化が来ています。それは共働き正社員の夫婦が増えていることです。今では専業主婦と会社員という世帯の2倍、共働き世帯があるのですが、その中でも共働き正社員の夫婦については大きな強みがあります。老後に厚生年金と退職金を二人分もらえることです。**ダブルインカムの最終的なゴールはダブルで厚生年金、ダブルで退職金をもらう豊かな老後生活なのです。**

共働き夫婦の公的年金なら「日常の最低生活費」はなんとかなる

「公的年金は死ぬまでもらい続けることができる」うえに「夫婦が2つの厚生年金をもらえる」わけですから、**共働き夫婦が仕事をしっかりがんばって、まじめに厚生年金保険料を納めれば、老後の生活費がまったく不足して苦労するような心配はほとんどありません**（図12-1）。

年金生活をしている高齢者夫婦の家計を見る限り、税金や社会保険料も含めた家計の総支出は月に26万3717円です。現役時代にはこんな金額では生活できないように思うかもしれませんが、所得税や住民税が減少し（所得が減るから）、社会保険料負担も軽減（厚生年金保険料を払わないから）、住宅ローンはもう返さずともよく（完済しているから）、教育費負担ももうありません（子どもが卒業しているから）。

おそらく指を折って数えてみたら、相当の負担が家計からごっそり消えてしまうと思います。今まで苦労していた出費のほとんどがなくなり、食費や日用品などの小さな出費の積み重ねの

12-1 公的年金は実は数千万円になる財産である

	平均的余命で長生きすると	平均よりもずっと長生きすれば
自営業者や専業主婦	20年で約1600万円	+10年で約2400万円
会社員一人	20年で約4000万円	+10年で約6000万円
会社員と専業主婦	20年で約5600万円	+10年で約8400万円
共働き会社員夫婦	20年で約8000万円	+10年で約12000万円の可能性も！

厚生年金を二人分もらうことで大きな経済的ゆとりが将来やってくる

長生きする限り国は年金を払い続けてくれるが、格差も広がり続けることになるみがセカンドライフの毎月の支出になるのです。

そして、夫婦で2つの厚生年金をもらえれば、基礎年金と合わせて月30万円程度は期待できます。日本の年金生活者の平均的な支出はまかなえることが分かります。

リーズナブルな店で買い物をすることを心がければ、老後をそれほど恐れることはないのです。しかもすでに述べたとおり、その生活費用は死ぬまで国が払うといってくれているわけですから心配ありません。

むしろ心配になるのは年金額よりも「消費増税」「健保や介護保険の自己負担増」「年金課税の増税」などです。これらは後出しじゃんけんが可能で、75歳のおばあちゃんでも、85歳のおじいちゃんでも容赦なく適用されます。私たちはよく「年金制度改正は後出しじゃんけんだ」と怒っていますが、よほど後出しなのは、消費税や健康保険の自己負担のほうなのです。

私たちの老後の手取りを減らすことになるこうした要素への備えとして、自分で自分たちの老後に備える取り組みを実現していかなければなりません。

老後に向けて備える余裕があれば退職金にプラスアルファを

ダブル退職金もダブルインカム最後のご褒美

ダブルインカムで働いてきた共働き夫婦の多くは、老後の経済的余裕を考える暇がないまま、定年の年齢まで忙しく駆け抜けてしまった、ということがしばしばです。しかし共働き正社員夫婦というのは、「老後の備え」がある程度めどが立っている可能性が高い立場でもあります。

すでに述べたとおり、会社の退職金制度（企業年金制度）があるためです。会社規模にもよりますが、中小企業であっても500万〜1000万円程度、上場企業であれば2000万円以上になることも珍しくないお金を、定年退職時に一括でくれる仕組みは、ヤカンドライフのマネープランを考えるときに大きなプラスになります。

ところが、自分の会社の退職金制度の概要を把握したり、モデル退職金額を知っている人は案外少ないものです。ある調査では50歳代になっても自分の会社の退職金額を知らない人が半数弱いたそうです。もし銀行に1000万円預けていたら、銀行の破たんリスクを考えて預け替えをしたり、有利な金利はないか真剣に探し回るのに、同じお金を会社に預けているようなものなのに、無関心になるのはおかしな話です。

退職金制度、企業年金制度がどんな仕組みか社内で確認する方法

まったく知らないまま60歳の定年退職を迎えるのはやや無謀ですから、退職金制度の基本的な概略はチェックしておきましょう。

在職中のチェック方法ですが、まず退職金制度の有無について確認をします。近年では退職金なしとする会社が増えており、特にベンチャー企業など社歴の浅い会社ほど未実施の場合があります。25%の会社には退職金制度がないという調査結果もあり、ない場合は「定年になれば会社から○万円受け取れる」という意識は捨てて全力で老後の貯金をスタートしなければなりません。

次に、退職一時金制度か企業年金制度かの確認をします。企業年金制度とは退職金の一部な

いし全部を外部積み立てにより準備する仕組みで、その名のとおり「年金払い」の選択肢があることが特徴です。ただし本人が希望すれば従来の退職一時金と同じように受け取ることもできます。

外部積み立ての方法は大きく3つに分けられます。第一に「共済」制度として第三者機関が運用管理や給付を行うものがあります。中小企業退職金共済制度（中退共）、特定退職金共済制度、建設業界で使われている建退共などがあります。

第二は会社が金融機関と契約のうえ外部積み立てしているのが、**確定給付企業年金**といわれるものです。一般的には有期年金（10年ないし15年で支払いが終了する）の仕組みを取っています。運用は会社にお任せでいいので楽ですが、業績不振のときなどは給付をカットすることがあります。

第三の選択肢として確定拠出年金制度を採用している例も増えています。この場合、個人にIDとパスワードが渡され、会社が積み立ててくれたお金の運用方法は自分で決めることになります。結果は自己責任となります。その代わり給付のカットはありません。

退職金と企業年金を組み合わせていることもあります。退職一時金が40％、確定給付企業年金から60％を支払う、というような定めがある場合、全額を年金受け取りできないことになります。

最後に、モデル退職金額をチェックします。モデル金額は会社によって大きく異なりますので、社内のつてをたどって自社の水準を確認するしかありません。人事部や総務部に知り合いがいれば聞いてみるといいでしょう。社内の福利厚生に関するパンフレットや社内イントラネットに記載がある場合もあります。労働組合が情報発信していることもあります。

受け取りについて、一時金で受け取るか年金払いで受け取るかという選択肢がある場合、受け取るそのときの税制をよく確認して決定してください。基本的に国は年金生活者の課税強化を行う方向にあり、また退職一時金についてもどこかで課税強化されると考えられています。現在は一時金としての受け取りのほうにやや税制上の有利さがあるようです。

さらに老後に備えることができれば完璧、選択肢は「iDeCoファースト」

厚生年金も退職金もダブルでもらえるという老後の生活のベースを持ちつつ、老後に向けてさらにお金を上積みしていければ、共働き夫婦の老後は理想型に近づきます。

一般に、夫婦が生活するために老後に必要なお金の準備は3000万円が目標といわれてい

ます。これくらいあると、取り崩しをしながら公的年金で足りない余裕を上乗せし、少しは旅行など老後をエンジョイする予算も確保でき、かつ病気やケガに備えた分も若干生じるからです。

しかし退職金二人ぶんとはいっても、3000万円にはなかなか達しないと思います。そこで、「二人の退職金額＋アルファ」で3000万円を確実にクリアし、かつ上積みをより多くする方法を考えてみましょう。

最初に考えたいのはiDeCo（個人型確定拠出年金）です。

iDeCoの概略については11章で解説済みですが、所得税や住民税が非課税になるぶん、効率的な資産形成になることと、60歳まで取り崩しができないため老後の確実な準備資金になることの2つの点で、共働き夫婦の老後資産形成に向いています。まずは夫婦それぞれがiDeCo口座を開設し積み立てをスタートさせましょう。企業年金のある会社員と公務員は年14・4万円、企業年金のない会社員は年27・6万円が積み立てられます。「iDeCoファースト」が第一の戦略です。

さらに上乗せをめざすなら、財形年金とつみたてNISAを

もしｉＤｅＣｏの年間積立枠以上に老後の資産形成をペースアップさせたいとすれば、財形年金もしくはＮＩＳＡ口座（少額投資非課税制度）を活用するといいでしょう（11章参照）。

財形年金は会社が実施しているかどうかによりますが、実施している場合、給与振り込み段階で貯蓄済みとなるぶん、積み立てミスがありません。５年以上の積立期間が必要ですが積み立てペースは自由に決められます。利息を含めた残高が５５０万円に達するまでが非課税なので、定年退職までに５５０万円になるようペースを調整しながら積み立てていくと、夫婦で１１００万円上積みするチャンスになります。財形年金を利用する場合、ｉＤｅＣｏは積極的に投資をすると全体のバランスが取れていいでしょう。

つみたてＮＩＳＡは低コストの積み立て投資を確実に行える制度なので、投資残高を上乗せする選択肢になります。一人年40万円まで積み立てが可能です。これらの制度を組み合わせて老後の豊かさを確実に上乗せしていきましょう。

長く働くことは最後にできる最高の老後資産形成である

65歳までは絶対に働くのはもはやデフォルト設定

会社員として今は65歳まで働くことができます。ただし法律が義務づけているのは「定年は60歳以上」「雇用は65歳以上」なので、今でも多くの会社は60歳を定年年齢とし、そこから再契約をして65歳まで再雇用するのが一般的です。

このとき、60歳で給与がガクンと下がることが一般的で、仕事も前線からどちらかといえば閑職に回されがちです。これを不満として「60歳で会社なんて辞めてやる」という人がときどきいますが、マネープランの観点から考えれば大失策です。

国の年金は65歳支給開始へほぼ移行を終えつつあり、これから60歳を迎えていく世代は基本的に「65歳まで無年金」の時代に生きています。このとき給与収入のストップ年齢と、年金収入のスタート年齢の間にギャップができるということは、無収入の期間が生まれることになります。

会社の待遇に不満だからと仕事を辞めた人は、仮に月20万円でやりくりしたとしても年240万円、5年で1200万円を取り崩すことになり、多くの会社の場合退職金のほとんどが底をつくことになるはずです。65歳になっても、自分の人生がまだ20~30年あるというのに、老後に使える貯金はほとんどゼロになっていることほど悲しいものはありません。

そうではなく、**「給料が下がっても、預金残高を減らさずにすむことのほうが大事」**だと考えて5年働くことが大切です。もし、1200万円も使わず退職金を65歳まで手つかずで残せれば、そのあとの20年に毎月5万円を取り崩して、公的年金収入に上乗せできることになります。

働く元気があったというのに何もせず、日々取り崩しをしながら5年過ごすのと、50代と比べたらのんびりと仕事をしながらそこそこの給料で取り崩しを5年先送りするのと、どちらがいいでしょうか。明らかに継続雇用の選択を行うべきだと思います。

65歳以降は何歳まで働き、いつ辞めるか

65歳までは仕事に不満があっても働くことが必要だと述べましたが、65歳以降は少しだけ選択の自由が生まれます。むしろ公的年金という基礎収入が期待できるため、年収を気にせず、好みに応じた働き方をできるようになるからです。

いきなり無職で「365日、毎日が日曜日」となるよりも、週に数日でも仕事があったほうが人生の張り合いにもなりますし、それほど多くなくても収入があれば、貯蓄の取り崩しペースを抑えられます。

「社会的には意義があるが、報酬はほとんどもらえない」といった社会貢献のようなことも年金生活に入ると選択できるようになります。

65歳以降は働くチャンスがあまり多くないと言われていますが、労働力人口の減少に伴い今後は働き先が増えていきます。仕事の内容と報酬のバランスで、やってもいいと思えるならチャレンジしてみるといいでしょう。それがたとえ年収100万円程度の仕事でも、年金生活には大きなアドバンテージになります。手取りベースで考えても公的年金以外の取り崩しをほとんど行わずに、手元の預貯金の残高を完全リタイアのときまで繰り越すことができるからです。

年収50万円も、週イチ勤務ならアリかもしれません。

70歳まで働くことも体力的には難しくない時代です。健康に深刻な不安がなく、周りから働くよう誘われるのであればこんなに嬉しいことはありません。ぜひ65歳以降の仕事のチャンスも逃さないようにしてください。そして、あなたの体力と仕事の魅力とのバランスが損なわれたとき、静かにリタイアすればいいのです。

夫婦二人ともそれぞれの年金開始時期まで働く

夫婦によって年齢差は違いますが、女性が数歳ほど年下というカップルは珍しくないと思います。この場合、「夫が65歳になったとき、妻はリタイアするかどうか」という問題があります。これが、共働きのお金の稼ぎ方をお話ししてきた本書の最後のテーマになります。

印象として、夫婦の年齢差が5歳以上あると、それぞれ自分の働ける年齢まで働こうと考えるように思います。ビジネスキャリアは自分の人生そのものであり、それは配偶者の年齢に左右されるものではないと考えるわけです。

しかし年齢差が数歳の場合、年上のほうが引退年齢に達したときに、年下のパートナーも自分のビジネスキャリアを終了させ、セカンドライフをスタートさせるケースが少なくないようです。

日本では女性が年下のカップルのほうが多いようですが、この場合、夫の引退年齢で女性も引退すると老後期間が「長すぎる」ことになってしまいます。基本的に女性のほうが長生きだからです。65歳の女性の平均余命が24年のところ、3歳年下の夫婦であったため、62歳からセカンドライフに入ったとしたら、標準でも27年の老後があることになります。

今から27年前といえば1991年、バブル景気の頃です。そこから今まで「余生」を送ると想像してみてください。世界もまったく変わってしまった27年間をのんびり慎ましく過ごすなんて、こんなに長いセカンドライフはさすがに飽きてしまうかもしれません。お金のことも心配です。

ですから、**基本的には夫婦ともに共働きの正社員であるなら、どちらも自分の年金をもらい始める65歳まで働いてから、セカンドライフに臨んでみてはどうでしょうか**。それでも15年以上は、夫婦二人きりの時間が確保されるはずです。夫のほうが年下である場合も同じことがいえます。

もし引退年齢を早めたいとする理由があるとすれば、健康的不安がある場合でしょう。夫婦どちらかに健康上の問題があって、長いセカンドライフを共にできないと予感があるなら、年長者の65歳（あるいは60歳代前半）からセカンドライフをスタートさせてもいいでしょう。ただし、その決断は慎重に行いたいものです。一度引退した高齢者が改めて働き始めることは難しいからです。

年金受け取り開始年齢より1年でも遅く働けば最強
～繰り下げ年金のパワー

国の年金受け取りの開始年齢は65歳だと思い込んでいる人がほとんどです。多くの場合そのように説明されていますし、65歳に達する直前には裁定請求書（年金の請求書類）が送付されてきていて、詳細な受け取り手続きの案内がされます。

しかし**「繰り下げ受給」**という年金増額術があることは知っておいたほうがいいと思います。これは国からもらう年金額を増やす人生最後の選択肢です。

繰り下げ受給とは、すごい勢いで年金額を増やすことができる仕組みです。最大70歳まで受け取り開始年齢を遅らせることができ、遅らせている間は年8・4％ずつ年金額が増えるので、がんばれば最終的には42％の増額になります。受け取り開始までの期間はもちろん無年金ですが、もし生活していけるほどの収入を得られているのであれば、困ることはありませんし、増額された年金額はずっともらい続けることができます。

5年間受け取りをガマンして仮に40％増額したとすれば、毎年140％ずつ受け取ることになります。つまり本来受け取れるのに受け取っていなかった年金額を、2・5年ごとに1年分回収することになりますから、12・5年で損はなくなるということです。70歳男性の平均余命が15・7年、70歳女性の平均余命が20年となっていることを考えると、基本的には元が取れる可能性が高いと思います。

また、公的年金水準の引き下げ（マクロ経済スライド）をカバーする以上の増額になりますので、将来、年金水準の低下に心配がある人も繰り下げを選択したほうがいいと思います。

繰り下げの手続きは、「あえて年金受け取りの手続きをしないこと」です。65歳では何もせず、66歳になってから年金事務所に行き「繰り下げでもらいたい」と手続き時に告げればいいのです。

もし老後のやりくりに困ることがあれば、いつでも繰り下げの計画を中断してその時点から公的年金をもらい始めることもできます。67歳まで引き延ばすつもりが、66歳で断念するとしても1年ぶんの増額は反映されますので損はありません。また、まったく増額をしなかったものとして「65歳から手続き開始時点までの年金額」をまとめて受け取る選択肢もあります。

夫婦どちらかだけが繰り下げ受給するという選択も

多くの会社では、65歳が完全なリタイア年齢とされているので、繰り下げはなかなか決断しにくいのですが、夫婦で厚生年金がもらえるとしたら、

1．年上のほうの厚生年金だけ繰り下げして、年下のほうは65歳時点で夫婦ともに年金をもらい始める。

2．男性の厚生年金は通常どおりもらうが、女性の厚生年金だけ繰り下げてみる（女性のほうが長生きだから得する可能性が高いので）。

というようにいろいろ工夫してみるのもいいでしょう。

どんな資産運用でも「5年間で42％増やす」ことはそう簡単ではありませんし、それなりのリスクを負いますので、国の年金の繰り下げ受給は検討に値する仕組みだと思います。

繰り下げ支給については70歳以降にも年齢を広げる方法も検討されています。もし70歳以降まで働けるならもっと年金額が増やせるチャンスになります。法律改正を見守りながら判断してください。

セカンドライフの家計管理と資産運用

セカンドライフをスタートさせたらもう頭は切り替える

現役を引退してセカンドライフをスタートさせる瞬間までは、共働き夫婦は老後の資金を少しでも多くするための努力をし続けるべきだと思います。

何もしないまま到達した老後より10万円多く貯められれば10万円ぶんの世界が、100万円貯められれば100万円ぶんの世界が老後の自由としてさらに広がります。ちょっとした趣味を追加したり、旅行に行くための軍資金としても使えます。

しかし一度リタイア生活をスタートさせたら「あのときもっとがんばっておけばよかった……」のようなタラレバをいつまでも引きずる必要はありません。むしろ「子どものお金や住宅ローンのお金など重い負担ばかりの中、がんばれるだけがんばって、ここまで貯められたじゃないか」と前向きに考え、セカンドライフを楽しんでほしいと思います。同じ老後を過ごすなら楽しんだほうが勝ちです。

セカンドライフのお金のやりくりはルールが大きく変わる

セカンドライフにおいてはお金のやりくり等のルールが大きく変わります。

まず公的年金は隔月給付される仕組みとなっています。給与の場合は月1回の入金チャンスを軸に家計のやりくりをしてきたと思いますが、公的年金は2カ月に1回というルールです。ですから2カ月に1回入る公的年金で、2カ月分の家計をやりくりする生活に慣れる必要があります。

ボーナスが出ない生活にも慣れなければいけません。現役時代、会社員はボーナスを利用して生活してきました。白物家電の故障が来たとき「ボーナス一括で」とクレジットカードを出して助かったという人も多いと思います。しかし年金生活者にボーナス一括払いの選択肢はありません。高額消費も退職金や定年までに蓄えた預金から取り崩していくことになります。

また、昇格昇給のような感覚はもうなくなります。裁定請求を済ませて確定した公的年金額は基本的にはもう変動しなくなるのです（ある程度だけ物価に追随する）。

最後に忘れてはいけないのは、「借金はもうできない」ということです。クレジットカードは利用できますが、セカンドライフに安易な借金は禁物です。借金は基本的に今よりも未来のほうが稼ぐ力がある現役世代の使うものです（現役世代でも使わないに越したことはない）。限られたお金をやりくりして数十年を過ごさなければならないのに、金利を払ってお金を減らすべきではありません。一括払い（金利はつかない）以外の支払いはもうできないと考えてみてください。

家計簿を使って「年金収入＝基礎的な生活費」の体質を作ってしまうと楽

家計簿術についてはすでに述べましたが、セカンドライフについても、一度家計簿を記帳してみるといいでしょう。これは長い年金生活の基本的な支出の感覚をつかむために役立ちます。

年金生活に入ると、通勤にかかる交通費や仕事関係の交際費などが減少する一方で、趣味や娯楽、交際費等が増えたり、自宅にいる時間が増えるため各支出項目に変化が起き始めます。

年金生活のちょうどよい支出感覚をつかむためにも、支出の変化を記録することが役に立ちます。

具体的には、

「年金収入＝基礎的な生活費の支出」

「毎月の取り崩し＝趣味や娯楽、交際費用」

にバランスするように家計を整えられると、家計は安定します。切り詰められない支出と、確実に終身でもらえる収入がほぼ等しいのであれば、どんなに年金生活が長くなってもあまりおびえずに済むからです。

年金生活に入った以降も、元共働き夫婦の場合、それぞれの口座に年金額が入金されるダブルインカム的な環境は続きます。それぞれが勝手におろしてなんとなく家計の負担をする老後は無計画です。現役時代と同様、きちんと話し合って家計シェアのルールを決めておくといいでしょう。

定期的に取り崩しOKな額を定年退職直後に決めてしまえばいい

セカンドライフの悩みは「どれくらい毎月取り崩してもいいか」ということです。ここをすっきりさせると、セカンドライフのやりくりはむしろとてもシンプルになります。簡単な取り崩し額決定方法を紹介しておきましょう（図12-2）。

12-2 老後の家計の計画を立てる

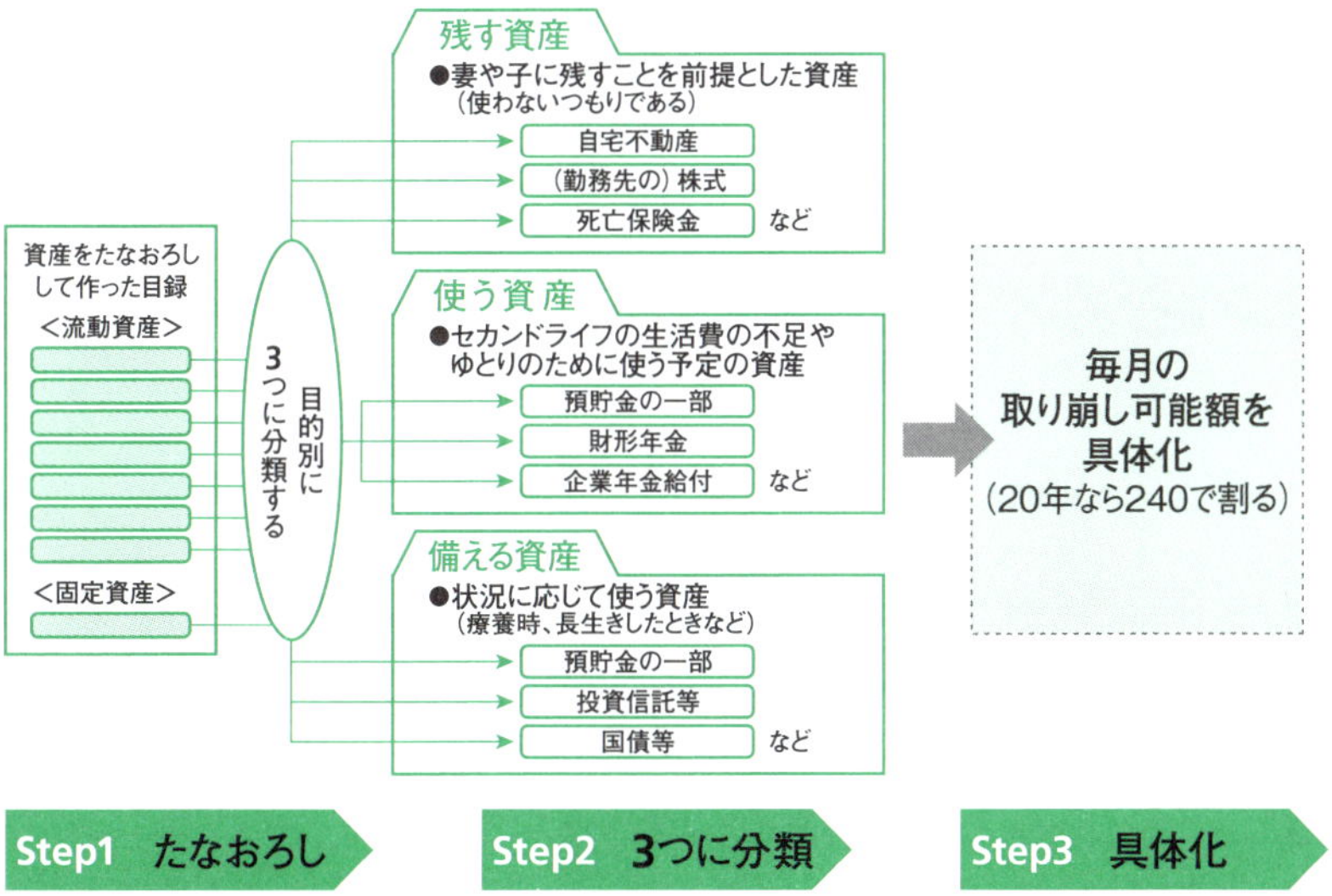

1. 夫婦の老後の資産をすべてたなおろしてリストアップします。

夫婦それぞれの名義で管理されている退職金や定期預金、投資資金などを一覧にします。

2. 資産を大きく3つに分類します。

「セカンドライフで使う予定のないお金（相続予定の資金や自宅不動産等）」「病気療養や介護が長引いたとき、あるいは長寿に備えた予備資金」をざっくり取り分けてみると「セカンドライフで取り崩してよい資金枠」が見えてきます。

3. セカンドライフの期間で割り、毎

月の取り崩し予算を確定させます。

セカンドライフを25年ないし30年と見積もって「取り崩してよい資金枠」を割ります。これが年単位で使っていいお金になります。

仮に1600万円あって25年を見込むなら、年64万円が取り崩し可能になりました。これを「月5・3万円ずつ使う」とするか「月4万円×12月＋年に一度16万円の予算で旅行」のように区切るかは相談して決めます。実際に行ってみると、それなりの手間はかかりますが、3つ目のステップまで数字が出せれば、「これだけは使っても困らない」という枠がはっきりします。旅行先で「こんなに予算使っていいのかしら」とびくびくしていればどんな旅行も楽しめませんが、「年に一回、夫婦で10万円の予算は20年分確保してあるから大丈夫」とすっきりしていれば、存分に名所や食事やお宿を楽しむことができます。同じお金の使い方でも心構えで満足度がまったく変わってくるのです。取り崩し枠について夫婦で何度か試行錯誤してみるといいでしょう。

資産運用はセカンドライフ前後半でリスク許容度が変わる

セカンドライフの資産運用についても、夫婦で基本方針を議論し共有しておくといいでしょ

う。

基本的にはもうあまりリスクを取る必要はありません。運用収益をもって資産を増加させていくことはなるべく考えるべきではなく、物価上昇率に追随する程度の値上がりがあれば十分です。むしろ高いリスクを取った運用で短期的に市場が急落したときの対応が困難になります。市場が回復するための時間を待つ余裕が若い頃ほど持てないからです。

現実には高齢者のほうが投資資金を多く保有していますが、投資経験も浅い人が年金生活に入って投資デビューすると、金融機関のカモにされてしまうケースも多々あります。現役時代から投資経験を有していて、その経験を踏まえ自分なりに投資判断できるのでなければ、年金生活者はあえて投資をしないことのほうが妥当だと考えてください。

一方で投資経験がある人が資金の一部について株式投資等を行うことは、経済ニュースと触れ続けることになりますし、刺激にもなります。少額の範囲であれば投資は悪いことばかりではありません。

ただし、体力的にも精神的にも少しずつ余裕がなくなってきて、また判断能力も衰えていく75歳以降（健康保険などでは後期高齢者と分類していますが、健康に不安が出てくる年齢です）には、投資から退くこと（あるいは投資金額を減らすこと）も考えたほうがいいでしょう。

また、セカンドライフでの資産運用では、「『安全・確実・高利回り』とセールスされた金融商品や事業に財産の過半を注ぎ込んで、すべてなくした」というようなことだけは絶対にしてはいけません。少しでもあやしいと思ったら手を出さないのも選択です。何もしないことは愚かなように感じるかもしれませんが「儲け損なったとしても、確実に損を出さずにすむ」選択を積極的に行った、という意味もあるからです。

最後にもう一度繰り返しますが、セカンドライフに入ったら後悔などせず、今あるお金の範囲で手に入れられる幸せの最大化に二人で取り組んでいきましょう。

ここまで子育てと仕事を並行して共働きをがんばってきたのですから、老後はけんかではなく笑顔で日々を過ごしたいものです。

おわりに

共働き夫婦がまず最初に読んでほしい「お金の教科書」が完成しました。いかがでしたでしょうか。ライフスタイルやマネープランを見直すヒントはあったでしょうか。

各論についてはもっと掘り下げていくべきところもあると思いますが、そこは専門的な書籍がたくさんありますので、住宅ローン、資産運用、保険見直しなどそれぞれに当たっていただければと思います。

本書の最後に、こっそり男性に向けたアドバイスをしておきたいと思います。それは「いきなり家事育児担当を40％引き上げなくてもいいので、まずは5〜10％くらい引き受けてみましょう」というものです。

本書を読んで、これが「働く男性を責める本」と思われた人もあるかもしれません。女性が共働きの仕事も家事も育児も苦労している中、もっと男性も担当しなければいけないと何度も繰り返しているからです。

しかし、これは男性が悪いというより、今まではなかった共働きというライフスタイルに合わせて時代が変化していく過渡期において、男性も変わっていかなければならないポイントなのだと考えてみてください。

ここ数年「ワンオペ育児」という言葉が市民権を得ましたが、これは共働きでありながら女性だけが家事育児を一人で背負わされているおかしさや矛盾を、女性が強く感じているところから来ています。女性は時代に対応して必死にがんばっています。男性も働き方と家事育児を変えなければいけません。

男性はまず、定時退社に近い退社日を週に1日以上は設けることを心がけ、また家事や育児の分担を今より5~10%引き上げることを目指してみてください。「今10%も担当していない家事育児をいきなり40%まで引き上げよう」とするから無理だと考えてしまうわけですが、「今は10%くらいの担当だから、まずは15~20%くらいの担当にしよう」と考えれば実行しやすいものとなるはずです。

しかしその5~10%相当の「担当替え」は大きな意味を持ちます。仮に90:10だったものが80:20になれば、妻の負担感覚は相当に軽減されます。おそらく妻の不満やお小言は10%以上減るのではないでしょうか。

週に一度、妻に自由な「夜」をあげるのもいいと思います。子どもが小さいときはもちろんですが、子どもが大きくなってきたらなおさらプレゼントしてあげてみてください。子どもと外食をして帰宅して風呂に入るだけなら、男性にとっても難易度も高くないはずです。

働き方改革という言葉はまだ実体がなく一人歩きしているようですが、時代は徐々に変化していくことは間違いありません。まずは無用な残業が軽減されることで、男性も家事や育児に参加しやすくなるはずです。

家事や育児のシェアを高くする、ということは、「男が稼ぐ責任を全部負う」という重荷から解放されることでもあるのです。

労働時間や労働契約の多様化が進めば、夫婦がそれぞれ週休3日にして、若干の世帯年収が減ったとしても家庭にいる時間を増やすような働き方も実現すると思います。

不動産価格がもう少し下がれば首都圏でも職住近接が現実的なものとなるでしょう。そうすれば保育園に登園させてから出社をすることが男女とも難しくなくなるはずです。

以前、プレジデント本誌で共働きを続ければ老後の年金に大きな違いが出るからがんばってほしいというコメントと試算（第1章で使用したもの）が掲載されました。その翌週に子どもを通わせている保育園にお迎えにいったところ、子どものクラスメイトのお母さんから声をかけられました。

「プレジデントの記事を読みました。共働きは辛いなあとずっと思っていましたが、がんばろうと思いました」と言われました。

どこの夫婦も同じく苦労しているのですが、先のことが見えないため、暗闇の中を走り抜けているような気分になってしまいます。これは辛いことです。

しかし、共働きの将来には希望〜ダブル厚生年金、ダブル退職金という最後のご褒美〜が実はあることを知れば、がんばり続けようという気になるはずです。本書が一組でも多くの夫婦に共働きをがんばってもらうきっかけになったのなら嬉しく思います。

今、目の前だけを考えれば共働きは大変なことばかりです。特に夫婦ともに正社員で働き続けることは苦労続きです。しかし、きっとそのがんばりが報われることがあると思います。老後になってみて、「ああ、共働きをしておいてよかったな」と言える日がくるはずです。

そして本当にのんびりできるときがやってきたら、笑って過去の苦労を思い出話としてほしいと思います。

最後に、本書の制作にあたって、プレジデント社の渡邉崇さん、紙面の編集を担当いただいた大西夏奈子さんにお世話になりました。書店とやりとりをしていただくプレジデント社の営業の方々、書店で本書を取り上げ面陳していただく店員の方々にもお礼を申し上げます。

一人でも多くの悩める共働き夫婦の手元に本書が届けば嬉しく思います。

山崎俊輔

2018年夏

[著者略歴]
山崎俊輔（やまさき・しゅんすけ）
AFP、消費生活アドバイザー。1972年生まれ、中央大学法学部卒。
企業年金研究所、FP総研を経て独立。
日経新聞電子版、プレジデントオンライン、東洋経済オンラインなど各種メディアで12本の連載を抱える人気FP。難しいお金の話と将来のビジョンを分かりやすく伝える執筆や講演が好評を呼んでいる。
近著に『読んだら必ず「もっと早く教えてくれよ」と叫ぶお金の増やし方』（日経BP社）など。
http://financialwisdom.jp

共働き夫婦　お金の教科書

2018年9月15日　第1刷発行
2021年9月28日　第2刷発行

著　者　山崎俊輔
発行者　長坂嘉昭
発行所　株式会社プレジデント社
〒102-8641 東京都千代田区平河町2-16-1
平河町森タワー13F
https://www.president.co.jp/　https://presidentstore.jp
電話　編集（03）3237-3732
販売（03）3237-3731

編　集　渡邉 崇　大西夏奈子
販　売　桂木栄一　高橋 徹　川井田美景　森田 巌　末吉秀樹
装　丁　秦 浩司（hatagram）
制　作　関 結香
印刷・製本　凸版印刷株式会社

ISBN978-4-8334-2294-9
Printed in Japan